中国博士后科学基金第72批面上资助项目"后疫情时代减税降费纾解
小微企业债务风险提质增效路径研究"（资助编号：2022M723477）

税收不确定性
对企业投融资行为影响研究

Research on the Impact of Tax Uncertainty
on Enterprise Investment and Financing Behavior

靳　毓◎著

中国财经出版传媒集团

经济科学出版社
Economic Science Press
·北京·

图书在版编目（CIP）数据

税收不确定性对企业投融资行为影响研究／靳毓著.

-- 北京：经济科学出版社，2023.7

ISBN 978 - 7 - 5218 - 4962 - 2

Ⅰ.①税…　Ⅱ.①靳…　Ⅲ.①税收管理 – 影响 – 企业

– 投资 – 研究 – 中国 ②税收管理 – 影响 – 企业融资 – 研究

– 中国　Ⅳ.①F279.23

中国国家版本馆 CIP 数据核字（2023）第 136947 号

责任编辑：武献杰

责任校对：郑淑艳

责任印制：邱　天

税收不确定性对企业投融资行为影响研究

靳　毓◎著

经济科学出版社出版、发行　新华书店经销

社址：北京市海淀区阜成路甲 28 号　邮编：100142

编辑部电话：010 – 88191441　发行部电话：010 – 88191522

网址：www. esp. com. cn

电子邮箱：esp_bj@ 163. com

天猫网店：经济科学出版社旗舰店

网址：http://jjkxcbs. tmall. com

固安华明印业有限公司印装

710×1000　16 开　13 印张　220000 字

2023 年 7 月第 1 版　2023 年 7 月第 1 次印刷

ISBN 978 – 7 – 5218 – 4962 – 2　定价：76.00 元

（图书出现印装问题，本社负责调换。电话：010 – 88191545）

（版权所有　侵权必究　打击盗版　举报热线：010 – 88191661

QQ：2242791300　营销中心电话：010 – 88191537

电子邮箱：dbts@esp. com. cn）

前　　言

　　面对国内外风险挑战明显增多的复杂局面，我国坚持把优化营商环境作为推动经济高质量发展的重要支点。税收是政府利用"有形之手"调控经济的重要方式，也是营商环境的有机组成部分，在吸引外企投资、引导产业布局等方面发挥了关键作用。良好的营商环境对提升微观市场主体活力、促进经济平稳健康发展具有重要意义。税收的确定性是评价营商环境的一个重要维度。市场经营不仅需要稳定的政局、安全的社会秩序，也需要明确的制度环境。特别是对于微观经济主体，税收是其经营成本的重要组成部分，因此税收的确定性对于企业长期投资决策至关重要。在现实的经济环境中税收往往是难以预测的，会使企业承担额外的成本。例如，税法频繁变动（或者税收立法悬而不决）可能会干扰、扭曲经济行为；不确定性将使税法变得更为复杂，迫使企业花费更多的财力和精力用于税务研究、计划与诉讼等活动上；税法细则大量出台也增加了计划与奉行成本。税收的确定性对企业的投资和选址决策具有极为重要的影响。相比有效税负，税收的确定性对企业的经营决策更为重要。税收不确定性问题已引起政府部门高度重视，然而，学术界针对税收不确定性微观经济后果的研究仍较为缺乏。税收的不确定性是否抑制了中国企业及实体经济的发展有待实证检验。在坚持经济高质量发展背景下，探讨税收不确定性对企业投融资决策影响及其作用机理的研究，对于优化我国税收制度的制定和执行、促进实体经济的健康发展等，无疑均具有重要的理论价值与现实意义。

　　基于税收不确定性影响企业投融资的理论视角，本书采用

2007~2017 年沪深 A 股上市公司数据，以企业所得税实际税率的波动作为税收不确定性的度量指标，实证检验了税收不确定性对企业投融资行为的总体影响、影响机制及经济后果。实证结果表明，税收不确定性抑制了企业投融资行为，降低了企业资源配置效率。

首先，税收不确定性降低了企业债务融资水平。从资金需求方面看，税收不确定性提高可能会加剧企业税后现金流波动，使企业面临更大的财务困境和更高的破产风险，企业可能会出于规避风险的考虑选择主动降低债务融资水平。从资金供给方面看，税收不确定性加大了金融市场摩擦，提高了股权和期限的风险溢价，恶化了外部融资环境。为了规避风险，银行可能会采取紧缩的信贷政策，或者通过提高贷款利率等方式增加企业外部融资成本，从而降低了企业融资的可获得性。税收不确定性对企业债务融资水平的负向影响具有异质性，在融资约束程度更高、市场需求更低的企业更显著。进一步区分企业所处地区、规模和行业后发现，对处于中西部地区的企业、中小规模企业和高科技行业企业，税收不确定性对企业债务融资水平的负向影响更显著。影响机制分析表明，税收不确定性增加了企业现金流的波动性，而现金流的波动性降低了债务融资水平，现金流波动性在税收不确定性降低债务融资水平的影响中起到了部分中介作用。税收不确定性增大了金融市场摩擦，提高了企业债务融资成本。通过区分企业的信贷结构，发现税收不确定性主要是降低了企业短期借款，对长期借款的影响不明显。

其次，税收不确定性降低了企业投资水平。一方面，基于实物期权视角，税收不确定性对企业投资存在着"二阶矩冲击"效应，即企业对投资收益的预期受到了税收不确定性的影响，在企业未能获取有利信息之前，投资决策会受到较大程度的抑制。另一方面，税收不确定性加大了金融摩擦，导致银行缩减信贷、提高利率，增加了企业融资成本，使企业面临的融资约束程度加剧从而减少投资支出。税收不确定性对企业投资水平的负向影响具有异质性，在融资约束和资本不可逆程度更高、市场化水平更低的企业更显著。进一步区分企业所处地区、规模和行业后发现，对处于中西部地区的企业、中小规模企业和高科技行业企业，税收不确定性对企业投资水平的负向影响更大。影响机制分析表明，现金流不确定性是税收不确定性抑制企业投资的中介变量。税收不确定性降低了企业投资效率，主要是导致了企业投资不足，并且降低了企业的投资价值相关性。

通过对税收不确定性影响企业投融资行为的实证考察，本书提出如下政策建议。一是提高税收立法层面的确定性，包括：全面落实税收法定原则，将税收法治理念贯彻到税收立法和税收执法各个层面；优化税收立法程序，建立恰当及时的磋商沟通程序和清晰透明的税法设计起草程序；保持税法的相对稳定性，在确要修改的地方避免不适当的追溯；将专家意见纳入立法程序，尽量降低税法起草的复杂性和模糊性等措施。二是提高税收执法层面的确定性，包括：及时发布税收裁定和技术解释，强化税收管理的可预测性和前后一致性；加强税企合作，建立合作遵从制度，强化对税收政策的解读和培训；建立有效和及时的争端解决机制等措施。

本书的研究为经济高质量发展背景下，税收不确定性对企业投融资行为的影响提供了来自微观企业层面的经验证据，丰富了宏观经济政策与微观企业行为互动关系领域的研究，拓展了税收政策经济后果方面的文献，为提升我国税收政策的制定和实施效果，以及优化企业的投融资管理提供了理论依据与政策借鉴。

靳　毓

2023 年 6 月

目　　录

第一章

导　论

一、选题背景及意义

（一）研究背景

改革开放以来，我国依靠要素驱动创造了经济增长的奇迹。然而高投入、高消耗的经济增长方式也使一系列结构性问题凸显，高速经济增长已难以为继。自 2012 年起，我国开始步入经济发展的"新常态"。2017 年，党的十九大报告中首次提出"我国经济已由高速增长阶段转向高质量发展阶段，正处在转变发展方式、优化经济结构、转换增长动力的攻关期"这一重要历史性论断。2019 年 12 月召开的中央经济工作会议明确把"着力推动高质量发展"列为 2020 年的工作重点。高质量发展是我国当前和今后一个时期确定发展思路、制定经济政策、实施宏观调控的根本要求。与传统的经济发展方式不同，经济的高质量发展是"经济数据精确、营商环境优化、产品质量保证、资源精准对接与优化配置"的增长方式①，是数量增长和质量增长的和谐统一。

经济的高质量发展离不开公开透明的营商环境。营商环境既是评价一国或地区"软实力"的一个重要指标，也是评价一国或地区综合竞争力的重要指标。2017 年，习近平总书记主持召开中央财经领导小组第十六次会议时强调：要加快制度建设、法规建设，改善营商环境和创新环境，降低市场运行成本，营造稳定公平透明、可预期的营商环境，加快建设开放型经济新体制，

---

① 陈世清. 深度解读双循环经济格局［EB/OL］. ［2020 - 10 - 09］. http：//zjnews. china. com. cn/yuanchuan/2020 - 10 - 09/252379. html.

推动我国经济持续健康发展①。税收是政府利用"有形之手"调控经济的重要方式，也是营商环境的有机组成部分，在吸引外企投资、引导产业布局等方面发挥了关键作用。另外，良好的税收营商环境也在提升微观市场主体活力、促进经济平稳健康发展方面发挥了重要作用。经过改革开放四十多年的发展，我国的营商环境建设成效显著，也得到了国际社会的认可。根据世界银行发布的《2020 年营商环境报告》，我国已连续两年跻身全球优化营商环境改善幅度最大的十大经济体。但我国的"纳税"指标②仍处于世界中下游水平（国家税务总局湖北省税务局课题组，2019），与主要发达经济体差距明显，在税收营商环境方面还有较大优化空间。税收确定性是评价税收营商环境的重要维度。市场经营不仅需要稳定的政局、安全的社会秩序，也需要明确的制度环境。特别是对于微观经济主体，税收是经营成本的重要组成部分，税收的确定性对长期投资决策至关重要。只有在保障税收确定性的条件下，讨论税负的高低才更有意义（龚辉，2019）。

　　税收是影响企业行为和宏观经济运行的重要因素，这已被众多研究所证实。经过学者们的长期研究，基于传统经济学基本假设之一——确定性前提的税收理论体系已经取得了长足发展，建立了完善的税法理论、税收征纳理论等。虽然很多学者都认为税收政策会影响不确定环境中的经济个体行为，但早期研究一般都假定税收政策本身并不存在不确定性（Edmiston，2004），几乎所有基于税收投资激励措施的分析都遵循乔根森（Jorgenson，1963）的开创性工作，即假设投资者永远不会预期到任何的税收变化。然而，实际上在很多情况下，税收政策本身可能是非常不确定的（Cummins et al.，1994）。在实践中，税收制度常常受到政治周期的影响而频繁变更（Julio & Yook，2012）。随着学术界对税收不确定性研究力度的增大和理论的日渐成熟，关于不确定性下税收制度建设与税收政策运用研究成果成为税收理论的重要组成部分（Weiss，1976；Judd，1984；Alm，1988；Skinner，1988），也成为现代税收理论研究的一个重要方面与前沿领域。税收的不稳定性和难以预测会让纳税人承担额外的成本：税法频繁波动（或者税收立法悬而不决）可能会

---

① 营造稳定公平透明的营商环境　加快建设开放型经济新体制［EB/OL］．［2017－07－18］. https：//epaper. gmw. cn/gmrb/html/2017－07/18/nw. D110000gmrb_20170718_1－01. htm.

② 世界银行"纳税"指标体系具体包括"纳税次数""纳税时间""总税率和社会缴纳费率""税后流程"四项指标。

干扰、扭曲或阻止经济行为；不确定性将使税法变得更为复杂，迫使企业花费更多的财力和精力用于税务研究、计划与诉讼等活动上，税法细则大量出台也增加了计划与奉行成本①。但在现实世界中，税收的不确定性对微观企业的影响则未受到足够的关注，但实际上其对一国经济的发展有着很大影响。税收不确定性的存在，将使企业难以精确研判未来投资的成本和收益，进而大大增加其所面临的投资风险，这种宏观环境的影响，甚于企业自身不确定的危害程度，从而导致投融资决策扭曲、财务错配等后果，不利于企业的健康稳定发展，也会对整体经济的高质量发展造成严重威胁。

近年来，全球经济格局正在发生深刻的变革，全球经济联系日益密切，各国经济发展已难以脱离全球化格局，对外界的依存度越来越高。为促进本国经济发展和维护本国经济利益，越来越多的政府通过改善营商环境以吸引海外投资，其中利用税收的确定性增加对外资的吸引力是重要的措施之一。在其他条件大致一样的前提下，投资主体一般会选择税收确定性较高的国家与地区，以降低风险增大收益。税收确定性已经成为衡量一国投资环境优劣的重要指标。德弗罗（Devereux，2016）关于税收不确定性的一项问卷调查②中显示，在 2011～2015 年，绝大多数国家公司税的不确定性都增加了，尤其是在金砖国家，税收不确定性对各国商业决策的影响尤为突出（见图 1-1）。

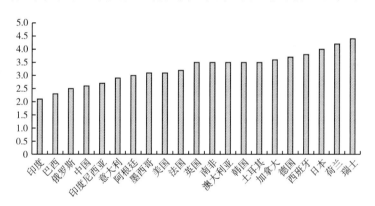

图 1-1 税收不确定性对各国商业决策的影响

资料来源：根据德弗罗（Devereux，2016）数据整理，分值越低说明税收不确定性对商业决策的影响越大。

---

① Hall A P. 税收法律频繁变更的代价 [J]. 柳华平，摘译. 税务研究，1995（5）：56-60.

② 2016 年初，牛津大学商业税收中心为欧洲税收政策论坛所作的一项针对大型跨国公司高级税务人员的问卷调查。

在税收不确定性排名方面，印度和巴西的税收不确定性最高，我国在所调查的国家中排在第五位，也具有较高的税收不确定性（见图1-2）。在哪些因素影响企业投融资和区位选择的调查中，所得税实际税率的不确定性排在第三位，紧随政治不确定性和宏观经济状况之后（见图1-3）。然而，预期实际税率只是排名第六位的因素，这表明相对于预期实际税率，企业可能更关注实际税率的不确定性。

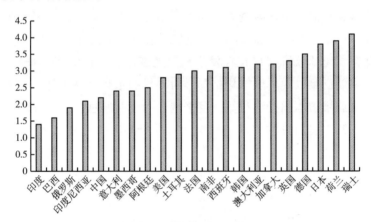

图1-2　各国税收不确定性排名

资料来源：根据德弗罗（Devereux，2016）数据整理，分值越低说明税收不确定性程度越高。

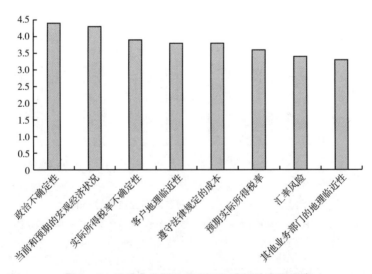

图1-3　影响企业投融资和区位选择的主要因素

资料来源：根据德弗罗（Devereux，2016）数据整理，分值越高说明该因素在影响企业投融资和区位选择中越重要。

2016 年在中国担任轮值主席国时，二十国集团（G20）明确将税收确定性作为评估税制改革的一个考虑因素，并且讨论了税收不确定性及其可能对贸易和投资造成的负面影响，强调了在全球适用一致的国际税收规则以增强确定性的重要性。英国《金融时报》的一份报告也显示，越来越多的美国公司提醒投资者注意税后现金流，关注税收不确定性的负面影响（Houlder，2016）。为纳税人提供更高的税收确定性以支持贸易、投资和经济增长的重要性已引起政府和企业的共同关注。可见，税收确定性问题已经成为世界普遍关注的重要议题，并成为全球治理体系的重要组成部分。在这种背景下，如何使税收政策更具确定性、更有预见性已成为各国政府的重要考量。2008 年以来，为了应对国际金融危机的冲击，我国实施了一系列的经济刺激政策，税收领域的改革力度也明显加大，如 2008 年开始实施企业所得税两税合并、2009 年增值税由生产型向消费型全面转型、2012 年开始"营改增"试点至 2016 年全面收官、2018 年开始实施个人所得税的费用扣除标准提高等。特别是党的十八大之后，在深入推进供给侧结构性改革的同时，税制改革也进入了深水区，其影响面更大、范围更广（杨武等，2019）。无论是从国际还是从国内环境看，税收的不确定性都在日益增加。

企业是市场经济运行的微观基础，企业要素资源的有效对接与优化也是经济高质量发展的内在要求。然而企业的持续稳定发展不仅受自身因素的影响，还会受到外部环境的制约。投融资决策是决定企业生存发展的最为重要的财务决策，也是企业进行资源配置的重要途径。近年来，经济的高速增长使我国隐藏的结构性问题逐渐显现，实体经济在投融资机制上也发生了微妙的转变（张成思和刘贯春，2018）。在我国经济下行压力加大的环境下，实体经济投资率连年来持续下滑，企业"脱实向虚"现象凸显；部分企业杠杆率居高不下的同时，民营企业和中小企业"融资难、融资贵"问题依然存在，资金紧张仍是阻碍实体经济发展的重要因素。为应对以上问题，国家大力推进供给侧结构性改革，从提高供给质量出发，推进结构调整、矫正要素配置扭曲、扩大有效供给，提高供给结构对需求变动的灵活性与适应性。政府也相继出台了一系列促进实业投资的宽松的财政政策、货币政策和产业政策，以期为实体经济的发展塑造良好的外部经营环境。但实体企业发展持续低迷的现状似乎并未得到明显改善，因此促使更多的学者开始基于经济政策不确定性视角对此现象展开探讨（李凤羽和杨墨竹，2015；陈国进和王少谦，2016；谭小芬和张文婧，2017；饶品贵等，2017；才国伟等，2018；张成思和刘贯春，2018）。企业面临的经营困难增加，极大地压缩了盈利空间，并进一步加深了其对经济政策预期的敏感度。"十三五"规划纲要也明确提出，"稳定政策基调，改善与市场的沟通，增强可预期性和透明度"的战略要求。"十四五"规划纲要进一步强调，健全宏观政策制定和执行机制，重视预期管理和引导。税收是营商环境的重要组成部分，税收不确定性是否影响了企业投融资行为，降低了资源配置效率？在经济高质量发展背景下，对于税收不确定性影响微观企业投融资行为的内在机制进行系统性探讨在我国现行制度情境下显得尤为必要而紧迫。

（二）研究意义

基于微观企业层面，本书分析了税收不确定性如何影响企业的债务融资和投资行为，为经济高质量发展背景下税收不确定性对企业投融资行为的影响提供了来自微观企业层面的经验证据。对本议题的研究，具有重要的理论与现实指导意义。

首先，本书丰富了税收政策经济后果领域的研究，为政府制定更为合理有效的税收政策提供建议。提高经济政策包括税收政策的透明度和确定性，关系到宏观经济的稳定发展和微观主体的经济活力特别是企业投资的积极性。对税收的不确定性如何影响企业融资和投资决策问题的研究，一方面，能够有效说明税收政策在具体落实过程之中，如何作用于微观企业主体，影响实体经济发展；另一方面，有助于明确在经济发展新常态时期，提高税收政策的有效性对于降低企业经营与实体经济风险具有重要借鉴意义。本书从对企业投融资决策影响的角度对税收不确定性进行了研究，研究成果对指导我国税收立法和执法、优化税务营商环境，以及增强我国经济综合竞争力，无疑具有重要的理论与现实意义。

其次，本书对于企业如何安排融资与投资计划，进行预期管理具有重要的指导意义。本书的研究有助于理解我国税收不确定性的经济后果，为促进我国金融资源配置效率的提升，促进实体经济发展稳定，降低税收不确定性对企业投融资行为的扭曲以及改善资源配置效率提供来自微观企业层面的现实证据。企业在发展过程中，应实时关注税收不确定性的影响。虽然企业无力改变外部环境，但可通过不断完善公司内部治理机制，积极适应外部环境的动态变化，不断增强自身竞争力，实现长远可持续发展。

总之，本书对于提升我国税收政策的制定和实施效果、促进我国实体经济稳定发展，以及企业安排投融资计划、进行预期管理方面都具有重要的理论价值与政策借鉴意义。

二、国内外相关文献综述

本部分首先对与本研究密切相关的文献进行研读和梳理，具体包括税收影响企业投融资行为的文献、政策不确定性影响企业投融资行为的文献，以及税收不确定性及其经济效应方面的文献。其次在文献回顾的基础上，对已有研究进行评述，结合中国实践和研究现状，总结现有文献的主要特点和未来研究机会，为本研究提供文献支撑。需要指出的是，相对于其他两方面的文献，税收不确定性及其经济后果方面的文献缺乏系统梳理，且和研究主题最为直接相关，因而在文献梳理过程中将以较多的笔墨用于回顾税收不确定性及其经济效应方面的文献。

（一）税收对企业投融资行为的影响

迄今为止，学术界对企业投融资行为的影响因素已经进行了广泛而深入的探讨，税收无疑是非常重要的因素之一。本部分主要在梳理税法框架的前提下，整理了税负本身对企业投融资行为影响的成果，税收不确定性的相关文献安排在第三部分介绍。

1. 税收对企业融资行为的影响。税收与企业融资关系方面的研究以税收与资本结构的关系为核心展开。有专家认为，由于债务利息可在税前扣除，从而减少企业的应纳税额，相当于增加了税收收益，因此债务具有"税盾"效应（Modigliani & Miller, 1963）。麦基·梅森（MacKie-Mason, 1990）研究发现边际债务融资额与有效边际税率显著正相关。吉沃利等（Givoly et al., 1992）考察了1986年美国税法改革对企业债务水平变化的影响，发现降低企业所得税率后，由于债务融资的税收收益下降，企业降低了债务融资水平。格雷厄姆（Graham, 1996）采用模拟技术估计边际有效税率，加入"非债务税盾"等因素，结果证明公司边际税率与债务比率的变化呈正相关。吴联生和岳衡（2006）关注了我国取消"先征后返"所得税优惠政策事件的影响，发现取消"先征后返"优惠政策的公司由于提高了税率，导致它们相应地提高了公司的财务杠杆，增加了公司债务融资。王跃堂等（2010）、黄明峰和吴斌（2010）、李增福和李娟（2011）均发现2008年企业所得税改革后，税率降低企业明显地降低了债务水平，而税率提高企业明显地提高了债务水平，且这种影响对民营企业更显著（伍丽菊和魏琳，2017）。邓明（2019）估算了三类中国地级市层面的企业所得税有效税率，发现地级市层面的企业所得税后视性有效平均税率对企业资本结构的影响并不显著，但前视性有效平均税率和有效边际税率越高则企业的债务融资比率越高。

除了债务"税盾"外，德安杰罗和马苏里斯（DeAngelo & Masulis，1980）发现"非债务税盾"如固定资产折旧和投资税收抵免等也可以在公司所得税上获得税收收益，进而对债务"税盾"产生了"替代效应"，在一定程度上解释了企业"负债过低之谜"（Miller，1977；Graham，2000）。具体而言，"非债务税盾"的增加会降低企业的边际税率，进而降低债务的税盾价值，导致企业进行过多负债的意愿减弱。之后，麦基·梅森（MacKie-Mason，1990）、吉沃利等（Givoly et al.，1992）、王亮亮和王跃堂（2015，2016）、姚宇韬和王跃堂（2019）通过经验证据证实了债务水平和"非债务税盾"之间的负相关关系。

2. 税收对企业投资行为的影响。新古典投资理论最早从微观层面研究了税收政策与企业投资的关系。乔根森（Jorgenson，1963）将柯布－道格拉斯式的新古典生产函数引至投资函数之中，指出最优资本存量（K^*）是在给定资本使用者成本（user cost of capital）的条件下使利润达到最大化时的资本存量。当单位资本的边际收益等于边际成本时，企业就可实现利润最大化，此时企业应当选择投资。霍尔和乔根森（Hall & Jorgenson，1967）进一步指出，税收政策通过作用于资本使用者成本影响企业投资。此后，很多学者在新古典投资理论框架下对税收政策和企业投资的关系进行了实证检验。奥尔巴赫和哈塞特（Auerbach & Hassett，1992）首次使用了微观的企业面板数据，发现了美国1986年企业所得税改革对企业投资有显著影响。康明斯等（Cummins et al.，1992，1994）证明了在税制改革年份投资的反应更为强烈。德赛和古尔斯比（Desai & Goolsbee，2004）、豪斯和夏皮罗（House & Shapiro，2008）发现临时性税收激励具有跨期替代效应，对投资将产生更大的影响。如果企业预计该减税措施将到期，那么将有强烈的动机促使投资提前，以便有资格获得额外的抵免。兹维克和马洪（Zwick & Mahon，2017）使用双重差分的方法考察了美国两轮临时性红利折旧政策对投资的影响，结果显示投资对两轮政策的实施分别有10.4%和16.9%的响应，并且得出了更大的资本成本弹性估计值为 -1.6，远高于其他税收改革研究的估计。

　　我国在企业所得税和增值税领域的一系列改革举措也为该议题的研究提供了天然的实验场景。毛德凤等（2016）发现2008年企业所得税改革后民营企业总体投资水平显著增加，并且税收投资激励效应受到区域发展、政策支持的影响显著，行业差异明显。曹越和陈文瑞（2017）发现，固定资产加速折旧政策使试点公司更倾向于将有限资源用于创新，而不是扩大固定资产投资投入。陈煜和方军雄（2018）认为2008年实施的企业固定资产加速折旧所得税新政对企业的投资产生了明显的促进效应，但导致了投资效率下降。刘怡等（2017）发现虽然加速折旧政策显著促进了企业的固定资产投资，但增值税政策由于其价外核算的性质和增量退税政策标准等问题不仅未能促进固定资产投资反而减弱了所得税政策的效果。付文林和赵永辉（2014）基于股东权益最大化的欧拉方程，认为税收激励对企业权益性投资的促进作用要显著大于固定资产投资。但毛德凤等（2016）与其结论相反，认为2008年投资税收政策调整对企业投资结构效应激励和优化作用有限，尤其是对人力资本投资的贡献有限。而刘怡等（2017）认为，所得税改革虽然有效地促进了企业的固定资产投资，但会导致企业资产的回报率和周转率下降、存货增加，出现过度投资和产能过剩。

　　聂辉华等（2009）、张等（Zhang et al.，2013）、许伟和陈斌开（2016）、汪德华（2016）都发现增值税转型改革显著提高了企业的固定资产投资率，对私人部门投资有明显促进作用，但是行业的景气度和市场化程度会影响增值税转型的效果（毛捷等，2014）。但蔡和哈里森（Cai & Harrison，2015）对东北地区试点的实证研究认为中国增值税转型改革对促进企业投资作用有限。对此，万华林等（2012）的解释是，增值税转型通过增加当期销项税抵扣的方式，减少了当期实际缴纳的增值税，从而增加了当期的经营性现金流。但同时由于未来折旧费用下降，导致折旧费用的"税盾"价值下降，增加了企业的所得税成本，在一定程度上会削弱增值税转型对企业投资的促进效应。在"营改增"的政策效果方面，李成和张玉霞（2015）、赵连伟（2015）发现，由于存在进项税额抵扣效应，"营改增"改革显著提高了试点地区的固定资产投资。黄荣哲和农丽娜（2014）分析了不同税种对投资的影响，表明"营改增"政策对固定资产投资的促进作用主要来源于营业税比重的减少，而不是增值税比重的提高。

（二）政策不确定性对企业投融资行为的影响

1. 政策不确定性对企业融资行为的影响。在企业外部融资成本方面，金（Kim，2015）指出，政治不确定性使信息的不对称更加严重，即债务人比债权人更加了解自身，这样银行需要承担更多的预期监督成本，从而加大了外部融资成本。弗朗西斯等（Francis et al.，2014）研究认为，政策不确定性会导致额外成本的增加，债权人在借贷合同中会增加更多的非价格条款，使公司面临更严峻的融资约束和更高的贷款成本（Gao & Qi，2013）。帕斯托尔和韦罗内西（Pástor & Veronesi，2013）研究认为官员更替是政治不确定性的重要表现，会增加市场参与者的风险预期。许天启等（2017）认为，政策不确定性对国有企业和民营企业的影响是不同的，民企的融资成本更高。因此，不确定的宏观环境加大了银行经理人评估项目盈利和风险的难度，使银行经理人采取更加保守的贷款策略，进而导致了银行决策的羊群行为，降低了信贷资金的配置效率（Baum et al.，2009；邱兆祥和刘远亮，2010；刘海明和曹廷求，2015；Bordo et al.，2016）。

就债权融资来看，才国伟等（2018）的实证研究显示，政策不确定性对债权融资的影响要远大于股权融资，且不确定性会削弱债权和股权融资对企业投资行为的正向作用。经济政策不确定性显著降低了企业债务融资规模，高预期通货膨胀会加强经济政策不确定性对企业银行借款水平的负向影响，而银行关联、政治关联，以及会计稳健性会减弱经济政策不确定性对企业银行借款水平的负向影响（蒋腾等，2018；倪国爱和董小红，2019；叶勇和张丽，2019）。股权融资方面，投资者会对政治不确定性索要风险溢价（Pástor & Veronesi，2013），导致 IPO 发行价格降低。此外，鲍姆等（Baum et al.，2006）研究发现，宏观经济不确定性降低了现金持有比例的截面方差，与经济稳定期相比，企业采取了更加趋同的现金持有决策。郑立东等（2014）以凯恩斯（Keynes）的预防性动机假说为基础，研究发现经济政策不确定性越大，企业现金调整速度越快。

2. 政策不确定性对企业投资行为的影响。现有研究发现不确定性对企业投资有正反两方面效应。正向效应主要表现为 Oi-Hartman-Abel 效应（Oi，1961；Hartman，1972；Abel，1983）和增长期权效应。Oi-Hartman-Abel 效应认为企业投资是可逆的，企业可以灵活地应对不确定性冲击，因此，政策不确定性会促进企业投资。基于实物期权角度研究的学者（Bernanke，1983；

McDonald & Siegel，1986；Pindyck，1988；Dixit & Pindyck，1994；Bloom et al.,2007）认为，不确定性和资本不可逆性的交互作用延迟和降低了企业投资，这与增长期权理论的成果正好相悖。此外，吉尔克里斯特等（Gilchrist et al.，2014）、鲍伊等（Bai et al.，2011）从不确定性的风险溢价效应出发，认为不确定性上升提高了投资者对风险溢价的预期，使企业融资成本增加，加重企业财务负担进而抑制企业投资决策。

刘康兵等（2011）采用1998～2009年中国制造业上市公司的数据探讨了不确定性对投资的影响，认为不确定性会导致融资约束的增加进而降低公司的投资。王义中和宋敏（2014）研究发现，宏观经济不确定性会通过外部需求、短期资金需求和长期资金需求渠道发挥作用，我国宏观经济不确定性程度增加会减弱企业外部资金需求、短期资金需求和长期资金需求对公司投资的正向作用。胡里奥和尤克（Julio & Yook，2012）发现企业在国家选举年的投资支出比在非选举年减少了4.8%，政治不确定性通过改变国家的产业制度、贸易制度、货币和税收制度降低了企业投资支出，直到选举的不确定性消失。才国伟等（2018）发现政策不确定性不仅会通过降低企业融资来直接影响投资，还会通过降低融资的投资系数来间接影响企业投资。陈德球等（2017）认为地级市核心官员变更引发的政策不确定性通过降低公司股价信息含量的渠道降低了企业的资本配置效率。吴一平和尹华（2016）发现政策不确定性对投资的负面影响仅存在于政企关系相对较弱的企业之中，且经济处于上行期或管理层不具有政治身份时（贾倩等，2013），企业投资支出的下降幅度更大。这种作用和效率还会受到官员偏好、能力、激励约束等个体异质性等因素的影响（徐业坤等，2013）。

由于政治选举只能捕捉分辨短间隔的不确定性，且不具有连续性，用当期选举代表未来经济政策不确定性并不准确。贝克等（Baker et al.，2016）构建了经济政策不确定性指数（economic policy uncertainty，EPU），证实EPU的增长将导致产出水平、投资水平，以及就业水平的下降。EPU指数也被学者广泛认可和采用，成为衡量经济政策不确定性较为权威的指标。古兰和伊恩（Gulen & Ion，2016）认为，由于经济政策不确定性的异质性作用，能够验证实物期权渠道的存在。李凤羽和杨墨竹（2015）采用经济政策不确定性指数来衡量经济政策的不确定性程度，并进一步结合投资不可逆程度、融资约束度等因素进行了研究，结果显示，不确定性加大即使会提高投资的效率，但同样也会对企业投资产生抑制作用。陈国进和王少谦（2016）认为政策不确定性削弱了资本边际收益率对企业投资率的促进作用。政策不确定性会通过企业的风险管理间接降低企业投资。政策不确定性的具体作用途径也得到有关学者的关注，谭小芬和张文婧（2017）对此进行了分析，结论认为实物期权和金融摩擦对整体上市公司层面和个体企业层面的作用点不同；而经济政策变更主要通过影响资金成本和资本边际收益率两个途径对企业投资行为施加影响。

除了对投资支出水平的影响，部分学者还探讨了不确定性对企业投资效率的影响。当宏观经济不确定性上升时，信息质量下降，经理人无法有效地识别和把握投资机会，普遍采取的保守投资策略降低了资源配置效率（Beaudry et al.，2001）。帕努西和帕帕尼科尔（Panousi & Papanikolaou，2012）研究认为，不确定性程度越高，公司管理层越会降低投资水平，从而导致投资萎缩。并且高管持有企业股权越大、股份越多，投资不足状况越严重。杨志强和李增泉（2018）也发现，企业面临的环境不确定性和经济政策不确定性会降低其投资效率，导致过度投资或投资不足。但饶品贵等（2017）则认为，当经济政策不确定性高时，企业投资决策更加考虑经济因素，投资效率随着经济政策不确定性的上升而提高。

（三）税收不确定性及其经济效应

西方学术界对税收不确定性的研究始于 20 世纪 70 年代，起初的研究主要是针对不确定的税收政策对福利的影响（Weiss，1976；Alm，1988；Skinner，1988）。20 世纪 80 年代中期，英美两国政府都进行了影响深远的税制改革，在整个经济合作与发展组织经济体（OECD）中产生了强烈的外溢效应。20 世纪 90 年代以来，全球化的发展带来了经合组织成员国之间日益激烈的税收竞争，各国政府纷纷推行税制改革，开始了一场"降税率、扩税基"的竞赛以吸引全球企业投资，税收的不确定性及其经济后果也逐渐受到学界和各国政策制定者的普遍关注。

1. 税收不确定性的定义。阿尔姆（Alm，1988）、斯金纳（Skinner，1988）和哈塞特和梅特卡夫（Hassett & Metcalf，1999）等将税收政策不确定性视为一种随机的税收政策变化。阿尔瓦雷斯等（Alvarez et al.，1998）和阿拉 - 埃尔 - 沙兹利（Alaa El-Shazly，2009）主要关注了重大税制改革的时机和规模的不确定性。萨拉尔德等（Sarralde et al.，2018）和龚辉（2019）从税收确定性的角度进行了探讨，认为税收的确定性指明确的税收制度、税收征管和税收程序。尼曼（Niemann，2011）则定义了财政的税收不确定性和简化模型的税收不确定性。此外，汉隆等（Hanlon et al.，2017）研究了由于企业避税行为而导致的企业税务状况方面的不确定性。学者们大多认为，税收的不确定性指税收政策的不稳定性、税法的模糊性和不可预测性，以及税收执法的随意性等，导致纳税人无法明确税收缴纳时间、方式和数额（Brown et al.，2017；杨武等，2019；杨洪，2019；陈胤默等，2019）。

2. 税收不确定性的来源。在德弗罗（Devereux，2016）为欧洲税收政策论坛做的一项针对大型跨国公司税务部门高级官员的调查中，将税收不确定性的来源分为了 11 个方面，其中最重要的来源是税收制度的频繁变化、税法的复杂性，以及税务机关不可预测或前后不一致的处理。国际货币基金组织（IMF）和 OECD（2017）将税收不确定的来源分为六个方面，包括：政策设计和立法的不确定性；政策执行与行政的不确定性；争议解决机制的不确定性；商业模式和技术变化产生的不确定性；纳税人行为产生的不确定性；国际税收方面的不确定性。赞加里等（Zangari et al.，2017）则将税收不确定性的来源分为了宏观和微观层面。宏观层面的税收不确定性与整体税收政策有关，反映在诸如税收的总体水平和税制结构中不同税种份额的变化上。微观层面税收不确定性来自以下两个因素：法律固有的不完整性及其在税制改革过程中经常进行的立法、司法和行政修改；缺乏国际税收协调导致的税收不确定性。综上所述，税收不确定性的来源主要包括税收立法层面的不确定性和税收执法层面的不确定性。

（1）税收立法层面的不确定性。

第一，税制改革或税收政策变化是税收不确定性的主要来源之一。理论上，税收政策和税收制度作为国家宏观调控的重要手段，客观上需要根据经济社会的具体发展阶段和情况做出调整，因此具有一定的时效性和针对性。一方面，税收政策要对宏观经济环境的变化做出适应性反应；另一方面，政治周期也会导致税收政策意图或税收立法目标发生变动，从而表现出一定的不确定性。相应地，深受税收政策影响的税法条文也具有进行修订完善的必要，从而处于不确定性之中（Devereux，2016；Zangari et al.，2017；杨洪，2019）。例如，1953～1985 年美国对于新增投资的税收处理做了 16 次修改（Auerbach & Hines，1988）；1962～1988 年公司税法有 13 项重大变化，特别是投资税收抵免和折旧补贴（Cummins et al.，1994）。IMF－OECD（2017）分析了 12 个发达国家在 1983～2014 年税率和税基变化的频率。他们发现，样本期间平均每个国家有 17 次重大的税收政策变化。同时，税收立法和税制改革是一个政治过程，从酝酿到颁布实施的整个过程都充满不确定性。纳税人往往不确定改革是否会真的进行，也不确定改革的时间和方向。如果在这一过程中不能给予经济主体充分的反应时间，就会给纳税主体带来较大的税收不确定性。此外，还有一些临时性税收条款，其有效期往往不明确，尽管可以预测其何时失效，但新的规则何时颁布以及新规则所涉及的税收优惠措施的优惠程度是更大还是更小甚至完全取消，对于投资者或纳税人都是未知的，处于不确定状态（Baker et al.，2016；Zangari et al.，2017；杨洪，2019），进而可能间接影响企业的投资决策。

第二，现行税法本身的复杂性和模糊性是不确定性的来源。税法的复杂性、模糊性，以及税收条款之间的相互冲突都会增加纳税的难度，进而带来税收的不确定性。现行税法表述的复杂性和模糊性无疑会增加税收关系中相关利益主体理解和掌握的难度（Devereux，2016；IMF – OECD，2017），相应会增加投资者进行资本预算管理的难度。投资者一般只能使用简化的模型来计算投资项目的税基，导致实际支付的税金与预期税金之间会发生偏差。对于投资者而言这些偏差也是随机的，增加了投资者纳税的不确定性（Niemann，2011）。例如，美国现行的个人所得税法和公司税法的规定非常复杂，细节繁多，纳税人需要付出较多的时间和精力才能分清不同情况后计算出应纳税额。因此，美国纳税人一般都委托专业的税务代理律师提供服务。这也是美国税务代理业兴旺的一个主要原因。此外，不同部门单独出台的多种形式的政策文件，可能存在着体系不统一甚至彼此冲突的问题，同一部门前后出台的税收规范性文件也可能存在处理前后不一致的情况，极易影响税务执法的一致性和政策的确定性（贾先川和朱甜甜，2019；Zangari et al.，2017）。

（2）税收执法层面的不确定性。

第一，财政部门、税务机关和纳税人对税法条款的不同解释在一定程度上加大了征税操作的难度，带来执法的不确定性。由于税收制度的专业性和复杂性，不同纳税人和执法人员的知识结构、工作经验不同，对同一涉税行为的理解和处理自然也不同，在一定程度上加大了征纳双方准确理解税收政策的难度。由于现行税收政策赋予了执法人员较大的裁量权和解释权，每个人理解和处理结果可能会有很大差异，因此极易产生由于执法尺度不一所带来的执法随意性问题（Devereux，2016；陆猛和吴国玖，2017；贾先川和朱甜甜，2019）。尤其是在新兴市场，法律框架往往过于宽泛，税收政策和监管措施常常会突然发生变化，进而会加大执法带来的不确定性。

第二，由于避税导致企业未来面临税务处罚的不确定性。2008 年金融危机和随之而来的公共财政压力使许多国家在税收执法方面变得更加严格，也使公司面临比过去更大的税务风险（即在审计时被视为不合规的风险）。如果企业利用"灰色地带"有意避税，就会增加被税务机关审计的风险，以及面临未来偿还税款、利息和罚款的可能性（Mills et al.，2010；Niemann & Sureth-Sloane，2016；Dyreng et al.，2019；Guenther et al.，2017，2018；Jacob et al.，2019）。由于税法中的"灰色地带"和企业采取积极的避税行为，公司支付的税款总额在提交申报税单时尚不确定。税务机关可以对公司的税务状况提出质疑并予以否决，要求额外支付税款（Hanlon et al.，2017），因此使企业面临不确定的税务状况。实证分析也表明，税率相对较低（避税）的公司确实比税率较高（非避税）的公司承担更多的税收不确定性（Lisowsky et al.，2013；Taylor & Richardson，2014；Dyreng et al.，2019）。当然，避税并不必然导致税收不确定性，有时低税率在一定程度上反映了企业利用"良性税收优惠投资"的能力（Dyreng et al.，2019），例如市政债券投资就不太可能受到税务机关的质疑。在这种情况下，避税可能不会增加公司未来税率的不确定性。冈瑟等（Guenther et al.，2018）指出，大多数企业的边际避税行为并不具有不确定性。

3. 税收不确定性的度量方法。由于不确定性具有难以观测的特点，学者一般通过寻找不确定性的替代变量来反映不确定性某些方面的特征。然而，学术界关于不确定性仍然没有形成统一的度量方法，这说明现有的不确定性指标的构造方法都包含一定的缺陷和适用范围。梳理现有税收不确定性相关文献，目前对税收不确定性的度量方法主要分为以下三种。

（1）以税收变量的波动性即离散程度作为税收不确定性的代理变量。采用变量的波动性来度量不确定性的方法主要包括：使用自回归模型残差的标准差、使用 GARCH 模型和随机波动率（SV）模型估计波动率等。税法的不确定性源于多重税率、表达不清以及税收参数变化等因素。埃德米斯顿（Edmiston，2004）认为，在估计税收波动的影响时，既要考虑法定税率的变化，又要捕捉影响税收义务的其他实质性因素的变化，比如投资税收抵免、免税或税率等级的变动。有效税率的波动不仅反映了税法适用于公司事实上的不确定性，也反映了税法的变化以及税务机关审计质疑的可能性。他把有效税率分为确定性部分和随机部分，使用自回归条件异方差（ARCH）模型估计随机部分作为税收不确定性代理变量，检验了其对跨国投资的影响。杨武等（2019）也采用 GARCH 模型方法估计了 32 个 OECD 国家的税收政策不确定性，结果显示，绝大多数国家的税收政策不确定性较小（在 0~1 之间波动），如德国、美国、瑞典、挪威等，而智利、希腊等国税收政策不确定性处在较高水平。杨武和李升（2019）利用随机波动率模型（stochastic volatility，SV）和粒子滤波方法首次对我国税收征管不确定性进行了估计，结果在 0.1~0.45，对应 1997 年、2001 年、2005 年、2007 年、2010 年和 2015 年出现 6 个峰值。在针对微观企业数据的研究中，学者大多使用年度现金有效税率的标准差或变异系数作为税收不确定性的代理指标（Hutchens & Rego，2015；Guenther et al.，2017；Amberger，2017；Jacob et al.，2019）。纽曼（Neuman，2019）指出，税收状况不确定的公司会表现出更强的税收支付的波动性，从而导致更高的税收不确定性。安贝格（Amberger，2017）也认为，持续稳定纳税公司的有效税率波动较小，因此税收不确定性较小。德雷克等（Drake et al.，2017）和贾根纳坦等（Jagannathan et al.，2000）发现有效税率（ETRs）的变化可以反映纳税的波动性，方便管理者形成对未来税收不确定性的预期。因此资本有效税率综合反映了影响税收义务的所有因素。但需要指出的是，使用有效税率的波动性测度不确定性虽然比较直观，但其可靠程度却依赖其与潜在的随机过程的相关性程度（陈乐一和张喜艳，2018），因为即使税收政策或征管方面没有任何变化，税负的波动仍可能随时间而变化。

（2）基于新闻文本信息构建不确定性指数衡量税收政策不确定性。贝克等（Baker et al.，2016）以主要报纸上经济政策不确定（ecnomic policy uncerntainty，EPU）的语言出现频率为基础，建立了一种衡量经济政策包括税收政策不确定性的指数体系，主要包含三个部分：一是与政策不确定性相关的关键术语在报纸文章中出现的频率；二是利用国会预算办公室提供的即将到期的税收条款的美元价值来明确反映税法未来变化的税收不确定性；三是利用消费者价格指数和政府支出的经济预测差异来反映财政货币政策的不确定性。此后，他们每年都用未来 10 年内到期的所有税收条款的收入折现值来估计与税收相关的不确定性水平。在实证研究中 EPU 指数主要用于测度未来税收政策变化的不确定性。哈塞特和沙利文（Hassett & Sullivan，2016）研究发现，内生的税收政策变化（即为了应对当前或计划的政府支出政策而发生的变化）与 EPU 指数所表达的不确定性之间有显著的相关关系。李和徐（Lee &

Xu，2019）将经济政策不确定性（EPU）指数扩展至州一级，捕捉了地方税收政策的不确定性。布朗等（Brown et al.，2017）证实了 EPU 指数中税收政策不确定性指数的有效性，发现其与实际的税收立法和监管活动显著相关。但贝克等只构建了中国总的经济政策不确定性指数，缺少具体财政政策与货币政策的不确定性指数。朱军（2017）采用贝克等（Baker et al.，2016）的方法，利用《经济日报》《人民日报》《光明日报》反映财政支出和税收方面的报道数据，首次构建了中国财政政策不确定性指数。结果表明，月度财政支出政策不确定性指数的平均绝对偏差（81.67）和波动性（103.61）均高于税收政策不确定性指数的平均绝对偏差（69.35）和波动性（87.10），表明财政支出政策不确定性指数的离散程度更高。这一方面可能是由于税收政策的法定性程度更高，另一方面因为媒体对于税收政策的报道远低于经济政策，在一定程度上降低了税收政策不确定性的可信度（杨武等，2019）。陈胤默等（2019）使用朱军（2017）构建的税收政策不确定性指数检验了其对外商直接投资的影响。

（3）以财务报告所披露的所得税会计信息作为税收不确定性的代理指标。美国财务会计准则委员会（Financial Accounting Standards Board，FASB）颁布的第 48 号解释公告《不确定所得税下的会计处理》（FIN 48）要求美国公司将所有不确定的税收收益（uncertain tax benefits，UTBs）的数额及其变动情况进行评估，并从 2007 年起在财务报告中进行披露。不确定的税收收益（UTBs）在一定程度上反映了企业为避免未来的审计处罚而进行的现金储备，因而可以用来度量企业因避税带来的未来遭受税务处罚的不确定性。布劳因等（Blouin et al.，2012）、雅各布等（Jacob et al.，2019）、汉隆等（Hanlon et al.，2017）使用"不确定的税收收益（UTBs）"指标考察了因避税带来的税收不确定性对企业投资和现金持有的影响。美国最近实施的不确定税务状况计划（uncertain tax positions，UTP）要求企业私下向国税局（Internal Revenue Service）披露有关不确定税务状况（UTP）的具体细节，并附有分期的实施时间表。这有助于明确特定时期不确定性的影响（比如总体宏观经济不确定性）。澳大利亚会计准则委员会（Australian Accounting Standard Board，AASB）颁布的 AASB 137 号准则也要求澳大利亚的公司必须根据规定披露与税收有关的或有负债与或有资产。使用所得税会计信息作为一种测量方法的最大优势在于要求企业必须明确量化其税务状况所带来的潜在的不确定税收收益，并且可以从一般企业风险或不确定性的其他潜在来源中分离税收不确定性对企业决策的影响。迪伦等（Dyreng et al.，2019）认为不确定税收收益（UTBs）具有下面的优势：第一，不确定税收收益提示公司的活动有可能陷入税法的灰色地带，避免支付额外税；第二，不确定税收收益反映了法律方面的税收不确定性，独立于税务机关的审计能力；第三，不确定税收收益是可观察的；第四，不确定税收收益接受审计，具有独立性，不受研究人员的影响。赫琴斯和雷戈（Hutchens & Rego，2017）使用了四种衡量手段作为税收不确定性的代理，结果发现可自由裁量的账税差异和现金 ETR 波动率与公司风险正相关，而基于 UTBs 的度量与公司风险无关或者与公司风险负相关。这可能是因为或有纳税义务的财务报告规则中的稳健主义给基于 UTBs 的税收风险度量增加了噪声。

4. 税收不确定性的经济效应。虽然大量理论研究分析了税收不确定性对宏观经济和企业投资的影响，但并未得出一致结论。随着理论研究的深入和计量经济学方法的发展，学者们开始尝试对税收不确定性的经济影响进行经验分析，具体可分为税收不确定性的投资效应、经济增长和福利效应，以及价格效应几个方面。目前这一领域的实证研究为数不多，且还停留在初级阶段，主要面临两方面的困难：一是如何将税收不确定性的影响与其他不确定性因素的影响分离出来；二是如何精确计量基于不同来源的税收不确定性的经济效应。

（1）税收不确定性对经济增长和社会福利的影响。在经济增长方面，史密斯（Smith，1996）证实了税收不确定性通过预防性储蓄渠道影响经济增长，这种影响很大程度上依赖于跨期替代弹性。当跨期替代弹性很小时，不确定性极大地放大了由减税所带来的增长；如果跨期替代弹性很大，则减税带来的经济增长较小；如果生产波动足够大，或者消费者风险厌恶程度足够高，那么经济增长可能会随着减税而下降。博恩和普法伊费尔（Born & Pfeifer，2014）利用新凯恩斯 DSGE 模型模拟分析了资本和劳工税以及政府支出与货币政策的不确定性。他们发现，家庭和企业面对不确定性增加的反应使税率不确定性对产出存在负面影响，不过这些负面影响似乎很小，可能是因为政策冲击不够大，不足以造成巨大的产出损失，或是其传播机制不够强大，不足以放大冲击的影响。费尔南德斯－比利亚韦德等（Fernández-Villaverde et al.，2015）对美国的资本税、劳动所得税、消费税以及政府支出数据进行了估计，发现资本所得税波动的意外冲击对经济活动产生了相当大的负面影响，引起总产出下降。

在经济福利方面，贾德（Judd，1984）发现，未来资本所得税何时开征的不确定性会导致当前劳动力供应和储蓄增加。阿尔姆（Alm，1988）关注了个人所得税不确定性对避税决策、逃税、劳动力供给和储蓄的影响，指出税基不确定性的增加往往会导致税基的增加，而税率不确定性的增加则会减少税基。税收不确定性对个体决策的影响主要受替代效应和收入效应的共同作用。当替代效应大于收入效应时，即当纳税人更为谨慎时，会增加更多的非避税收入。如果政府使用增加税基所产生的额外收入来降低税率，则税基不确定性的增加可能会增加福利。税收不确定性对福利的影响很大程度上取决于对纳税人风险分布的假设即效用函数。此外，税收不确定性的福利影响也因税收工具的不同而存在差异。比策尔和贾德（Bizer & Judd，1989）认为，随机的税率变化通常会在不影响投资回报的情况下降低效用、鼓励投资，这是因为随机的税率变化带来的负效用将会减少消费，降低资本所得税造成的扭曲，进而以相对低的效率成本提高收入；而随机的投资税收抵免激励往往是有害的，会带来较大的投资波动，从而降低生产和收入，减少福利。多特西（Dotsey，1990）也考虑了随机增长模型，其中税率本身是某些随机过程的结果。当假定税率遵循两状态 - 马尔可夫过程，且转换概率（a，b）由 a + b > 1 给出时，由于低税率状态意味着未来低税率的可能性更大，因此将有更大比例的产出投资于低税率状态。

虽然从理论上来说税收不确定性可能会增加社会福利，但经验证据几乎都表明税收不确定性带来了福利损失。斯金纳（Skinner，1988）的经验研究表明，1929 ~ 1975 年美国税收政策不确定性的福利成本约为国民收入的 0.4%，税收政策变化的不确定性造成了巨大的福利损失。如果纳税人认为"永久性"减税只是随机的，在未来不会持续，那么不确定的税收政策是有害的。尽管人们认为暂时的减税可能会刺激短期投资，但长期投资的增加无法弥补收入的损失。春（Chun，2001）进一步研究了税收不确定性对不同家庭收入水平的影响，发现高收入家庭成员可以有效重新分配资源来应对冲击，进而可以较好地吸收外部税收冲击。因此，税收政策不确定性带给低收入家庭的福利成本要高于高收入家庭。克罗斯等（Croce et al.，2016）研究发现，企业税收平滑会影响消费和福利的跨时期分布。当经济主体倾向于尽早消除不确定性时，以短期消费稳定为目标的税收平滑政策会增加公平成本并导致福利损失。相反，旨在稳定资本积累的公共财政政策既降低了长期消费风险，也降低了资本成本，最终会带来相关的福利收益。戈梅斯等（Gomes et al.，

2012）校准了一个生命周期模型，衡量了税收和社会保障政策的不确定性造成的福利损失，发现政策不确定性对经济主体的消费、储蓄、劳动力供应和投资组合造成了严重扭曲，未来税率的不确定性导致年收入减少了 0.03%。

（2）税收不确定性对企业行为的影响。

①税收不确定性对企业投资行为的影响。理论上，税收不确定性对投资的影响方向及影响程度取决于税收不确定性的来源和性质（Niemann，2004），会受到诸多因素的影响。部分学者在新古典投资理论框架下探讨了税收不确定性对投资的影响。阿尔瓦雷斯等（Alvarez et al.，1998）使用动态的随机调整模型区分了改革时机不确定性和税收参数不确定性。在规模报酬不变、调整成本为凸函数的情况下，投资刺激效应包含期望效应和不确定效应两种互补强化机制。预期税率下降倾向于加速投资，预期税基的下降倾向于减少投资。税制改革时机的不确定性将强化税率或税基的这种正向（或负向）效应。但是这种效应与政策不确定性的时间跨度有关，将随着时间不确定性的分散而逐渐消失。阿拉 – 埃尔 – 沙兹利（Alaa El-Shazly，2009）认为，不确定性主要体现在税收变化的时机和规模，而公司一般在税收变化后处于暂时的不平衡状态。在存在凸性调整成本的情况下，公司只有在不确定性减少后才逐渐调整到新的最优产能路径。因此，即便税收变化会增加投资激励，但预期的公司税政策变化将会降低公司的预期净现值。自 20 世纪 90 年代以来，更多的理论文献在实物期权的框架下展开，但并没有得出一致的结论。

一是税收不确定性的投资效应与税收政策变化的随机过程建模方法有关。哈塞特和梅特卡夫（Hassett & Metcalf，1999）在实物期权框架下比较了税收政策不确定性不同随机过程对投资决策的影响。在价格不确定性被建模为随机布朗运动①的情况下，由于选择的"观望"效应，不确定性增加会推迟投资并降低投资水平。不同于传统的价格不确定性的文献，当价格随机变动时，其未来走势是不受控制的，而税收参数不像价格，往往几年保持不变，然后突然变化到新的水平。他们把投资税收抵免（ITC）的变化被建模为一个在"高""低"两种状态之间进行平稳的泊松跳跃过程②，发现投资会随着泊松分布方差的增大而增加。他们认为，投资税收抵免（ITC）在"高水平"状态时等待的价值很低，平稳性意味着公司只能从高水平状态过渡到低水平状

---

① 随机布朗运动，指变量在连续时间内作不规则运动。
② 泊松跳跃过程，指随机事件在非连续时间内不规则发生的现象。

态，这种情况会促使公司在目前"高"投资税收抵免（ITC）时期加速投资，即使存在投资不可逆性。当把哈塞特和梅特卡夫的随机过程扩展为更符合政策实践的"高/中/低"三状态的泊松过程时，发现其关于税收政策不确定性加速企业投资的结论根源于企业寻求利用高于平均水平的税收优惠政策变化带来的"当前成本"效应。由于中等水平的投资税收抵免（ITC）的引入使其变化方向、幅度和时机的不确定性大大增加，当投资税收抵免（ITC）位于"高水平"状态时公司有激励增加投资，但在中间状态时 ITC 未来可能会继续增加也可能会减少，因而就会相应削弱将投资转移到当期的动机。因此，面对不可逆转的投资，以及对未来需求和税后成本的不确定性，企业会保持谨慎的态度。增加投资税收抵免（ITC）的不确定性只会增加投资的波动性，并且可能在长期对投资水平产生负面影响（Altug et al.，2009）。阿利亚尔迪（Agliardi，2001）主要分析了投资税收抵免向下跳跃过程。当不考虑贴现因素时，税收政策不确定性的增加将会降低预期资本价格，延迟企业投资。斯托基（Stokey，2016）研究了税收政策变化产生的不确定性导致企业临时停止投资而采取"观望"策略的过程，细致刻画了不确定性影响投资的实物期权机制。

二是税收不确定性的投资效应与税前现金流的波动有关。纽曼（Niemann，2004）分析了在投资者风险中性和风险规避情况下税率不确定性对投资的影响。在风险规避的情况下，他发现税率不确定性对投资更可能是负面影响；在风险中性的情况下，如果潜在的税前现金流在下降，税率不确定性的增加可能会促进投资；如果税前现金流随时间推移而增加，税率不确定性的增加可能会抑制投资。在一个投资项目中，项目的现金流越早积累，其再投资的时间就越长。因此，对于现金流会随着时间的推移而下降的投资项目，税率不确定性的增加会促进投资；相反，对于那些税前现金流会随着时间的推移而增加的项目，由于平均再投资期较短，税率不确定性的增加往往会抑制投资。纽曼（2011）同时考虑了税率和税基的不确定性。假定投资完全不可逆，将不确定性建模为实际纳税与预期纳税之间遵循算术布朗运动的偏差，结果表明税收不确定性对投资的影响取决于税收和税前现金流的相对波动。假定税收波动与税前现金流的波动高度正相关，而且税收波动性小于税前现金流的波动性，则税收波动性的增加可能降低关键投资门槛并加速投资。如果税收波动总是等于现金流波动与其相关系数的乘积，则税收波动的变化对投资时机没有影响。纽曼和祖雷特－斯隆（Niemann & Sureth-Sloane，2016）

进一步指出，当税收不确定性的程度已经很高时，进一步增加不确定性往往会推迟高风险的创新投资项目。

三是税收不确定性的投资效应与市场需求有关。伯克姆（Böckem，2001）考虑了一个包含需求和税收不确定的不可逆动态投资模型。当增加增值税税率或引入新的销售税时，商品的需求会立即受到影响，进而对公司的利润流和盈利能力产生影响。在垄断供应商的情况下，税收不确定性会减少平均投资，但并没有系统性的投资延迟。因为税收不确定性并没有对垄断供应商产生额外的等待期权价值。伯姆和芬克（Böhm & Funke，2000）扩展和补充了哈塞特和梅特卡夫（Hassett & Metcalf，1999）的工作，将需求不确定性建模为随机布朗运动，将税收政策变化建模为平稳的泊松跳跃过程，数值模拟结果表明在不完全竞争和规模收益下降的情况下，无论随机税收变动是内生还是外生决定，税收不确定性对投资的影响都很小。

虽然关于税收不确定性的理论研究没有得出一致结论，但实证研究表明税收不确定性对企业投资有显著的负向影响。埃德米斯顿等（Edmiston et al.,2003）评估了苏联、东欧和中欧国家税收的复杂性和不确定性，发现税收的复杂性和不确定性对转型期经济体的外国直接投资具有统计上显著的负向影响。埃德米斯顿（Edmiston，2004）的实证研究指出，国家层面的税率波动所反映的未来税率变化的不确定性对 15 个欧洲国家、美国和日本的投资产生了显著的负面影响。即使在相对稳定的经济合作与发展组织（Organization for Economic Co-operation and Development，OECD）国家，资本有效税率的波动也很大，并且对人均投资率有显著的负面影响，而税率的平均水平对投资率的影响似乎并不重要。古兰和伊恩（Gulen & Ion，2016）基于 1987 ~ 2013 年美国上市公司的季度数据发现与未来政策和监管结果相关的总体不确定性水平对企业投资存在负面影响。政策不确定性的增加会提高企业未来盈利的不确定性，进而会影响到企业的投资。与平均投资率相比，经济政策不确定性的指数成倍增加会降低大约 8.7% 的投资率。税收不确定因素在统计上也有显著影响，占总体影响的 1/3。陈胤默等（2019）以我国 2004 ~ 2014 年 A 股上市企业为样本，发现母国税收政策不确定性与企业对外直接投资显著负相关，这种情况在企业规模越小、成立时间越短、债务水平和税负水平越高的企业中更为明显。李和徐（Lee & Xu，2019）发现税收不确定性对美国的商业活动有显著的负面影响：税收不确定性每增加 10%，将会导致两年内企业数量增长率下降约 0.11 个百分点，就业增长率下降约 0.21 个百分点。

税收不确定性不仅会影响企业的进出决策，还会影响企业数量的增长和就业。杨武和李升（2019）使用1996～2016年各省份的面板数据，首次测算了我国面临的税收征管的不确定性，在此基础上对税收征管不确定性和外商直接投资的关系进行实证检验。结果表明，我国税收征管不确定性对外商直接投资的影响与税负高低有关，低税负时税收征管不确定性对外商直接投资有促进作用，而高税负时有抑制作用。

除了税收政策的不确定性之外，避税导致的不确定性也会对企业投资决策产生影响。布劳因等（Blouin et al.，2012）指出，积极的税收筹划带来的税收节约增加了研发投入和固定资产投资，但投资增长率是下降的。一方面，激进的避税行为可能会减少企业的纳税支付，进而可能会促使企业增加投资。另一方面，激进的税务管理也会增加税务机关审查的风险，这种风险增加到一定程度就会抵消节税带来的收益，进而对投资造成负面影响。雅各布等（Jacob et al.，2019）的实证结果表明，面临较大税收不确定性的公司明显推迟了大规模的资本支出。税收不确定性增加1个标准差与下一次大规模投资高峰到来的约7%的延迟有关。同时，税收不确定性也降低了投资水平，不确定性增加1个标准差，平均投资水平降低0.3%。他们发现高（低）税率的公司面临着上升（下降）的税收风险，并且由于税收不确定性的增加而加速（推迟）投资。

②税收不确定性对企业其他财务行为的影响。在企业其他财务行为方面，为数不多的文献研究了税收不确定性对企业现金持有和股利政策的影响。汉隆等（Hanlon et al.，2017）表明，企业在面对由避税导致的税收不确定时，会为未来潜在的税收不确定性进行预防性现金积累。税收不确定性增加一个标准差，公司将额外持有1.2%的现金。并且在融资约束的公司，两者的关联更强。结论与雅各布等（Jacob et al.，2019）一致，税收不确定性的降低可能会释放出企业为税收目的而预留的预防性储蓄资本。安贝格（Amberger，2017）认为，避税导致的不确定性使公司表现出较低的股息支付概率和股息支付水平。税收不确定性增加1%将使股利支付的概率降低9.9个百分点。存在融资约束情况下，这种影响更大；而机构持股比例较高的公司会减弱这种影响。税收不确定性对股息水平的影响随着减少派息的成本而变化。

（3）税收不确定性对资产价格的影响。锡亚尔姆（Sialm，2006）指出，随机的税率变化从三个方面影响资产价格：一是改变可支配收入水平（收入效应）。税收的频繁变化会增加消费的可变性，而消费的变化会显著影响资产价格，并导致更高的风险溢价。二是扭曲消费的相对价格，影响储蓄和投资激励（替代效应）。跨期替代的弹性决定了这两种效应中哪一种起主导作用。对于更愿意进行跨期替代消费的人，替代效应更强。而对于低弹性的个体来说，收入效应更强。三是影响经济增长率（增长效应）。当税收与经济增长负相关时，会产生较大的股权溢价。克罗斯等（Croce et al.，2016）认为，公司税平滑通过改变消费的跨时间分布显著影响了股权成本。动态化的税收政策带来的长期增长风险会将资金需求转向无风险债券，从而带来债务成本下降、权益成本增加。

此外，部分文献从投资者角度，认为税收不确定性会带来股票价格的波动。布朗等（Brown et al.，2017）指出，避税导致的税收不确定性还会增加税后现金流的不确定性，加大企业风险。他们将参议院（众议院）多数席位少于5%的时期归类为不确定时期，采用贝克等（Baker et al.，2016）构建的经济政策不确定性指数的一部分作为税收政策不确定性指数，发现税收政策不确定性越高的时期，股票收益的波动率也越高，并且当纳税额波动越大时，两者关系越显著。税收政策不确定性确实以更高风险溢价的形式增加了投资者的实际成本。吉沃利和海因（Givoly & Hayn，1992）发现，在美国TRA86税法（1986年美国提出的所得税改革方案）通过期间，投资者根据税法改变的可能概率修正了对公司未来现金流量的预期。胡普斯（Hoopes，2012）发现，随着研发税收抵免延期，分析师预测修订的幅度和数量增加，这表明税法的变化对未来现金流具有信息性。冈瑟等（Guenther et al.，2017）发现更大的税收风险会增加公司未来税后现金流的不确定性。现金ETR波动性与未来公司风险之间存在显著的正向关系，这表明税率波动是整体公司风险较高的潜在重要指标。

（四）文献述评

本部分对现有文献进行了系统性梳理，由于本书的主题是税收不确定性对企业投融资行为的影响，因此重点回顾了税收对企业投融资的影响、不确定性对企业投融资的影响，以及税收不确定性及其经济后果领域的研究，特别是对税收不确定性及其经济后果的研究做了较为全面的回顾。接下来，分别针对几个领域的文献，总结已有研究的贡献以及尚待改进之处。

第一，有关税收影响企业投融资行为的研究。税收影响企业资本结构方面的研究起步较早，从研究内容来看，主要探讨了税率和非债务税盾对企业资本结构的影响，并且主要集中于所得税政策方面；从研究方法来看，主要是如何采用有效的测量方法来克服税收因素和企业资本结构之间存在的因果关系问题。已有的研究中，国外学者基于经典资本结构理论的实证文献相当丰富，基本验证了经典资本结构理论的适用性。相比之下，西方经典资本结构理论在我国的适用性虽然也得到大多数学者的支持，但由于我国特殊的所有制结构及以银行为主导的融资环境，税收政策影响资本结构变动的经验证据结论仍然受到制度因素的制约，并未完全达成一致。税收影响企业投资方面的文献众多，早期基于时间序列针对投资总量的研究并未达成一致结论。其后的研究大多以税制改革为背景，采用企业横截面数据，得出税收影响企业投资的经验证据。现有文献大多数是以发达国家的税制改革为背景，近年来，随着我国税制改革的不断深化，国内的学者以企业所得税和增值税改革为背景探讨了税收因素对企业投资水平、投资结构和投资效率的影响。总之，虽然有关税收对企业投融资行为影响的文献相当丰富，但大多数还是基于确定状态下，探讨税收因素本身对企业投融资行为的影响。相关的研究前提都基于税收是确定的，但现实中税收本身往往是不确定的。税收的不确定性是否以及如何影响企业行为？相关的经验研究虽然近年来开始出现，但仍缺乏深入探讨。

第二，近年来，伴随着国内外政治经济环境的日趋复杂，关于不确定性经济后果的文献开始大量涌现，宏观经济或经济政策的不确定性对企业行为的影响成为学界普遍关注的热点话题。不确定性影响企业融资方面的研究主要从企业面临的金融摩擦角度展开，认为经济或政策的不确定性减少了银行信贷，降低了金融市场资源配置效率，并且提高了风险溢价从而增加了企业外部融资成本。已有的研究更多的是关注不确定性对企业外部融资环境的影响，相比之下，不确定性如何影响企业自身对资本结构的选择方面的研究并没有引起足够的关注。由于不确定性对企业投资行为的影响更为直接，因此该领域受到学者更高的关注，积累了大量非常有价值的研究成果。针对不确定性的投资效应，相关文献主要有正反两方面：正面效应包括 Oi-Hartman-Abel 效应和增长期权理论，认为不确定性可以促进企业投资；相反，实物期权理论和金融摩擦理论则认为不确定性会降低企业投资。经验数据大多支持后两种理论，即在不确定性和不可逆的交互作用下，以及由于金融市场摩擦导致的融资约束情况下，企业会推迟和减少投资。

总的来说，宏观经济和政策的不确定性会导致信息波动和模糊程度增加，从而引发行业前景预期、外部信息环境的变动。微观企业行为特别是企业的投融资行为是宏观经济政策实现的重要路径和渠道，将两者结合起来研究经济政策的传导机制，可以更好地为宏观层面的经济政策寻求微观证据支持。国内已有的研究多是从经济政策的总体层面来切入，采用的衡量政策不确定性的指标主要是地方政府官员更替或贝克等（Baker et al.，2016）的经济政策不确定性指数。研究更为具体的税收政策不确定性对微观企业行为影响的文献并不多见。税收政策是国家调控宏观经济的重要政策工具，将经济政策不确定进一步细化为税收政策不确定性，有助于我们更好地理解和把握宏观经济政策对企业影响的具体作用路径，更好地为未来的税制改革提供经验佐证。

第三，税收不确定性相关研究是最近几年较为前沿和热点的话题，已引起学界和政府的普遍关注。

首先，关于税收不确定性的测量方法。贝克等（Baker et al.，2016）指数采用即将到期的税收条款的数量衡量税收政策不确定性，但有可能无法准确反映这些即将到期的税收条款对经济的重要性，因为到期的税收条款的美元价值是变化的（Giertz & Feldman，2013）。且该研究机构研制的我国经济政策不确定性指数只有总的指数，并没有细分的税收政策不确定性指数，因此不是测量我国税收政策不确定性的最直接有效的指标。朱军（2017）构建了我国税收政策不确定性指数，但由于媒体对于税收政策的报道远低于经济政策，在一定程度上降低了税收政策不确定性的可信度，且该指标更多的是反映政策变动方面的不确定性。有效税率的波动性虽不完全等同于不确定性（IMF－OECD，2017），但其反映了企业纳税额的波动，可以说是一个较为综合的测度税收不确定性的指标。就所得税会计信息而言，由于不确定税收收益取决于管理层的自由裁量，因而使用不确定税收收益准备金作为衡量税收不确定性的依据也是不够充分的（Guenther et al.，2018），可能会增加税收风险度量的噪声。并且在我国的会计准则中尚无相关的规定，因此该方法对我国并不适用。目前，诸多国家和地区都建立了预先税收裁定制度（advance tax ruling，ATR），该制度通过事先澄清某项交易的税收处理，以减少纳税人未来涉税交易适用税法的不确定性。在未来的实证检验中，预先税收裁定费用可能成为衡量税收不确定性的一个重要组成部分（Diller et al.，2017）。但目前我国也尚未将该项制度引入税收征管法律规定中，仍在实践当中探索，但尚未引入相关法律条文中。

其次，关于税收不确定性的经济效应方面，理论研究相对较为成熟，实证研究尤其是在微观层面相对不足。自20世纪90年代以来，大量理论文献探讨了税收不确定性对企业投资的影响，但没有得出一致结论。税收不确定性对企业投资的影响是相当复杂的，会受到很多因素的影响。理论模型中认为税收不确定性对投资的影响主要取决于针对企业和不同形式税收不确定性的假设，但是很难评估这些假设在多大程度上与现实相符。因此，税收不确定性的真实影响亟须在实证层面进行验证。税收不确定性经济效应的实证研究目前还处于起步阶段。近几年伴随着税收不确定性测量指标的改进，实证研究逐步深入。国外宏观层面的研究侧重于税收冲击对经济增长和社会福利的影响，且结论较为一致。微观层面主要集中于企业投资，为数不多的研究关注了对企业避税、现金持有和企业风险承担的影响。目前，基于我国现实制度背景的实证研究还比较匮乏，只有陈胤默等（2019）、杨武和李升（2019）从宏观层面研究了税收政策和税收征管不确定性对外商直接投资的影响。地方官员的更替或施政理念的转变导致地方税收优惠政策可变性极高，因此我国特殊的制度环境也为相关研究议题提供了天然的实验背景。总之，基于我国制度背景，从微观层面上探究税收不确定性对企业投融资的影响及其传导机制的话题值得深入探讨和挖掘。

三、本书的研究内容、研究思路与研究方法

（一）研究内容

第一章导论。首先，介绍本书的研究背景与研究意义，关注税收不确定性在企业投融资决策中的重要作用。其次，分别从税收对企业投融资行为的影响、不确定性对企业投融资行为的影响、税收不确定性及其经济效应三个方面详细梳理综述相关领域的文献和研究成果。通过梳理该领域的文献，笔者发现，虽然已有大量文献关注了税收政策、经济不确定性或政策不确定性对企业投融资行为的影响，指出税收因素、经济政策不确定性对企业财务决策的重要性，但关于更为具体的税收不确定性如何影响微观企业行为还没有引起足够的重视。关于税收不确定性的影响更多地侧重于对企业投资决策的理论分析，而缺乏来自上市公司层面的经验证据。通过对相关文献的梳理和评述，提出本书主题的重要意义。再次，在此基础上提出本书的研究内容、

研究思路及研究方法。最后，陈述本研究的特色与创新之处。

第二章是税收不确定性影响企业投融资行为的理论分析。首先，对核心概念，即税收不确定性、企业融资行为和企业投资行为进行了界定。其次，回顾及阐述了税收不确定性影响企业投融资行为的相关理论基础，包括权衡理论、现金流理论、实物期权理论和金融摩擦理论。最后，对税收不确定性影响企业债务融资和投资的影响机制进行具体分析，为后续实证研究奠定理论基础。

第三章是我国税收不确定性和企业投融资现状分析。首先，从税收立法和税收执法两个层面详细介绍我国税收不确定性的主要因素。其次，通过对企业实际税率不确定性、债务融资和企业投资的测度，分别从总体水平概况、产权性质、企业规模、所处经济地区和行业几个维度刻画了我国企业面临的税收不确定性、债务融资和企业投资的现状，为税收不确定性影响企业投融资决策的研究奠定制度背景基础。

第四章是税收不确定性影响企业债务融资行为的实证分析。本章做了以下检验：检验了税收不确定性对企业债务融资水平的影响；检验了面临不同融资约束程度和外部市场需求的企业，税收不确定性对企业债务融资水平影响的差异性；在拓展性分析里，检验了税收不确定性通过现金流波动影响企业债务融资的中介效应；检验了税收不确定性对企业债务融资成本和债务期限结构的影响；区分了不同经济地区、规模、行业情况下税收不确定性对企业债务融资水平的影响。

第五章是税收不确定性影响企业投资行为的实证分析。本章做了以下检验：检验了税收不确定性对企业投资水平的影响；检验了面临不同融资约束程度、资本不可逆程度和市场化程度的企业，税收不确定性对企业投资水平影响的差异性；在拓展性分析中，检验了税收不确定性通过现金流波动影响企业投资的中介效应；检验了税收不确定性对企业投资效率的影响；区分了不同经济地区、规模、行业情况下税收不确定性对企业投资水平的影响。

第六章是提高税收确定性的政策建议。首先，从税收立法层面提出提高税收确定性的政策建议，包括：全面落实税收法定原则；优化税收立法程序；保持税法的相对稳定性；尽量降低税法的复杂性和模糊性。其次，从税收执法层面提出提高税收确定性的政策建议，包括：强化税收管理的可预测性和前后一致性；加强税企合作，改善征纳双方关系；建立有效和及时的争端解决机制。

第七章是研究结论与展望。在对全书的研究进行系统性回顾和总结的基础上，针对现有研究的不足提出未来的研究展望。

（二）研究思路

本书沿着"税收不确定性和企业投融资行为的理论界定—税收不确定性影响企业投融资行为的机制分析—我国税收不确定性与企业投融资行为的现状分析—我国税收不确定性对企业债务融资和投资行为的实证考察—提高税收确定性的政策建议"这一技术路线展开相关探讨，研究框架与技术路线如图 1-4 所示。

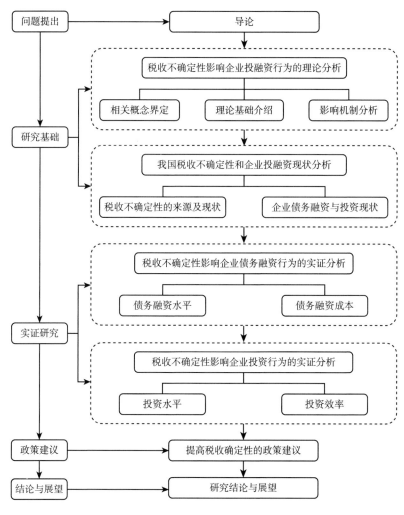

图 1-4 研究框架与技术路线

（三）研究方法

本书采用规范分析与实证分析相结合的研究方法，一方面寻找更合理的理论解释实证结果；另一方面通过实证分析验证已有理论。具体而言，体现在以下方面。

第一，文献归纳法。通过检索、阅读与梳理大量国内外关于税收影响企业投融资、不确定性影响企业投融资，以及税收不确定性的内涵、测度及经济效应等方面的研究文献，深入了解和掌握相关成果，并基于文献基础，对税收不确定性和企业投融资之间关系进行较为系统的梳理归纳与述评，明确跟进与深化研究的方向。在此基础上，形成基本的研究思路，构建理论梳理分析的框架，并运用既有的研究结论，对实证检验部分的研究变量，通过严密的总结归纳进行设定和测度。

第二，演绎推理法。在围绕税收不确定性和企业投融资行为的影响研究中，首先对三者的内涵进行界定，然后以经济学学科、财政学学科、财务学学科的知识为基础支撑，运用相关理论如权衡理论、现金流理论、实物期权理论、金融摩擦理论，通过演绎推理，探究税收不确定性与企业投融资行为的内在机理关系，为后面的实证分析奠定理论基础。其次，从税收立法和税法执法两个层面较为全面系统地梳理了我国税收不确定性主要来源，为实证分析提供制度背景依据。最后，通过归纳税收不确定性对企业投融资行为影响的实证结论，提出降低税收不确定性的政策建议。

第三，实证分析法。主要是基于选定的样本数据，对归纳的理论观点进行分析验证。实证分析所运用的数据来源于样本企业实际生产经营过程，因此真实有效；实证分析的结果，揭示了税收不确定性、企业债务融资，以及企业投资关系实状。实证分析既验证了理论结论，也反映了当下企业发展中的若干问题。在具体研究过程中，将统计分析方法和计量方法相结合。首先，通过采用分位数估计、核密度分析、泰勒指数测算等统计方法，对企业税收不确定性和投融资的现状进行统计分析，深入考察税收不确定性与企业投融资行为的分布特征与布局规律。其次，采用单变量检验、相关性分析、多元回归分析、中位数回归、广义矩估计等计量方法，考察了税收不确定性对企业债务融资和投资的总体影响、影响机制及经济后果。

第四，比较分析法。在实证分析中区分企业特征异质性，如产权、经济区域、行业、规模等，比较税收不确定性在不同企业特征之间的差异。

四、本书的研究特色与创新

本书的研究特色与创新之处主要体现在以下方面。

第一，本书拓展了经济政策不确定性经济后果方面的研究，丰富了宏观经济政策与微观企业行为互动领域的文献。自姜国华和饶品贵（2011）提出宏观经济政策与微观企业行为互动研究框架以来，有关宏观经济环境如何影响微观企业行为的研究开始进入我国学者的研究视野，并取得了一系列丰硕的成果（徐光伟和孙铮，2015；陈冬等，2016；何捷等，2017）。相比之前偏重静态的研究，近年来随着贝克等（Baker et al.，2016）构建的经济政策不确定性指数逐渐被学术界与实务界广泛采用，从不确定性视角出发，围绕经济政策不确定性的相关研究议题亦层出不穷（Baker et al.，2016；Gulen & Ion，2016；Wang et al.，2014；李凤羽和杨墨竹，2015；饶品贵等，2017）。然而目前多是针对整体经济政策不确定性的研究，对于细分的财政或货币政策不确定性的经济后果及影响机制的经验证据不足，仍有很大研究空间。作为经济政策不确定性在税收领域的具体表现，税收在政策或执法方面的不确定性是否也会影响企业行为尚未得到充分探讨。本书重点关注了税收政策不确定性对企业投融资行为的影响，拓展了经济政策不确定性经济后果方面的研究。对此研究议题进行深入探讨，有助于我们更加深刻地理解我国特殊制度情境下的企业投融资行为及其经济后果，同时亦为政府部门制定更为合理的宏观经济政策提供理论依据。

第二，本书拓展了税收环境影响微观企业行为的研究范畴，扩展和补充了税收政策经济后果方面的文献。现有文献对税收政策经济后果的考察主要基于确定性的角度，检验税负水平对企业财务决策的影响。然而，不确定性是现代市场经济的常态，引入不确定性假设替代确定性假设，可以为优化税制研究构筑完整且贴近现实的微观基础。近年来，税收不确定性问题开始受到学界、政府和实务部门的广泛关注，但有关税收不确定性对微观企业行为影响的研究还并不充分，未能对税收政策的经济效应进行全面系统的反映。目前，关于税收不确定性对企业微观行为的研究主要集中于对投资规模影响的理论建模分析（Hassett & Metcalf，1999；Niemann，2004；Altug et al.，2009；Niemann，2011；Stokey，2016），且没有取得一致结论，缺乏实证层面特别是以我国特殊政治环境为背景的经验证据。本书实证检验了税收不确定性对企业投融资行为的影响，并且探究了税收不确定性对企业投融资决策的影响机制，为税收不确定性对企业投融资行为的影响提供了经验佐证，拓展了税收政策微观经济后果方面的文献，有助于我们更好地理解和把握税收政策作用于企业行为的传导机制。

第三，本书考察了税收不确定性对企业债务融资行为的影响，拓展了税收不确定性微观经济后果领域的研究。现有关于税收不确定性微观经济后果的研究主要关注了税收不确定性对企业投资行为的影响，鲜有研究考虑税收不确定性对企业经营活动中重要的一部分——融资活动的影响。资金对于每个企业来说都是稀缺资源，企业的生产经营、资本经营和长远发展离不开资金。因此，如何有效地进行融资也是企业日常经营中一项尤为重要的资本决策。本书关注了税收不确定性对企业债务融资的影响及其传导机制，弥补了这一研究领域的空白。

第四，本书拓展了企业投融资决策的影响因素研究，丰富了企业投融资的宏观决定因素方面的文献，为企业投融资管理相关研究提供有益补充。虽然现有有关企业投融资决策影响因素的研究取得了较为丰富的成果，但是相关研究大多从公司治理、企业性质、宏观经济政策等视角探讨各因素对上市公司投融资行为的影响，这种影响主要反映的是单一静态的现象。在税收不确定性环境下，上市公司如何进行投融资决策的研究尚待完善。本书通过系统、全面地研究税收不确定性对上市公司投融资决策的影响机制与作用机理，对现有有关企业投融资行为影响因素的研究进行了相应补充，拓展和深化了相关议题的研究范畴，有助于更好地指导企业加强内部的税收风险管理，合理制定投融资决策。

第二章

税收不确定性影响企业投融资
行为的理论分析

本章将对研究主题展开相关的理论分析。首先，对本书的核心概念，即税收不确定性和企业投融资行为进行界定。其次，对与核心主题相关的理论进行回顾，包括权衡理论、现金流理论、实物期权理论、金融摩擦理论，为后面的实证研究奠定理论基础。最后，在前述理论基础之上，具体阐释税收不确定性对企业债务融资和投资行为的影响。

第一节　核心概念界定

一、税收不确定性

在对税收不确定性进行界定之前，首先要明确不确定性的含义。奈特（Knight，1921）指出，不确定性是"人们无法预测未来事件发生的可能性"，即未来可能的结果及出现的概率都是未知的，无法预先计算和评估。埃尔斯伯格（Ellsberg，1961）认为不确定事件即人们事先不知道概率分布结果的事件。在日常生活中，由于情感认知或缺乏有效信息等因素，使我们在了解世界时表现出了主观信念的不确定性。也就是说，决策者不能主观地给出客观事件某种状态发生的概率，或者只能定性地对客观事件状态发生可能性的大小做出判断。简言之，当个体无法确知其行为将产生何种结果时，不确定性问题就会产生。对不确定性的判断很大程度上会受到个体所能获得的信息量大小及类型的影响。从经济学角度看，经济的不确定性是指经济主体无法准确预知自己某种决策的结果，也无法确定未来决策结果的分布范围和状态。

税收是指国家为了向社会提供公共商品（包括公共产品和公共服务），凭借政治权力，按照法律的规定而进行的强制征收，是社会成员为了获得公共需要的满足而须支付的价格或费用（庞凤喜等，2017）。税收作为国家取得财政收入的一种形式，具有非直接偿还性、强制性和规范性的特征。税收确定原则是亚当·斯密在《国富论》中提出的税收四原则之一，即公民的应纳税款必须有明确的规定，不得被随意变更。如应让所有纳税人和其他人清楚了解纳税日期、纳税方法、缴纳数额等，否则纳税人将难免会受到税吏权力的任意左右①。

关于税收不确定性的定义，目前学界并没有一致的结论。一些学者基于税收确定性的视角，认为税收确定性指简洁而明确的税法框架、稳定的税收政策框架，以及规范的税收征管，使纳税人明确应承担的义务和享受的权利、确定如何缴税，以及处罚标准等（Sarralde et al.，2018；龚辉，2019）。纽曼（Niemann，2011）定义了两种税收不确定性：税法的变化以及纳税人、财政部门和税务机关对税法和经济事实做出不同解释带来的不确定性，称其为财政的税收不确定性；从投资者的角度，税收不确定性是指投资项目实际纳税额与预期纳税额之间的偏差。由于经营中的随机现金流需要缴纳所得税，因此企业对所得税的支付过程可以看作一个随机过程。税收的不确定性来源于随机的税率或随机的税基。即使税法保持不变，实际和预期的纳税额也会不一致。例如，用于计算投资项目税基的简化模型可能会导致税收的不确定性，这是财政部门和税务机关无法避免的。布朗等（Brown et al.，2017）将税收政策的不确定性定义为关于税收政策是否会改变以及政策变化性质的不确定性，包括政治选举、行政和司法机关制定和执行税收规则的不确定性。这种由税收政策的变动、税法的模糊性和执法的随意性引致的不确定性，会使纳税人对缴纳税款的时间、方式和数额处于无法准确预期或者无知的状态（杨武等，2019）。此外，部分学者从企业避税的视角出发，将税收不确定性定义为由企业避税行为导致的企业税务状况的不确定性，这种不确定性会导致长期的纳税不稳定（Hanlon et al.，2017；Amberger，2017；Jacob et al.，2019）。

结合税收的确定性原则和不确定性的定义，本书的税收不确定性，主要

---

① ［英］亚当·斯密. 国富论［M］. 陈星，译. 西安：陕西师范大学出版社，2010：53.

指税收的不稳定性、不可预测性和模糊性给经济主体的决策带来额外风险和难度的可能性（杨洪，2019；陈胤默等，2019），导致经济主体面临税收负担和税收环境等方面的不确定性，包含了税收立法和税收执法两个层面的不确定性。税收立法的不确定性主要来自企业对税制改革趋势和税收政策本身复杂性和模糊性的判断和把握方面的不确定。税收征管的不确定性源自不同地区税务执法机关税收政策执行过程中宽严度的差异，地方政府对税务部门不同形式的行政干预，以及征纳双方对税法的不同理解（杨武和李升，2019）。

二、企业融资行为

企业融资行为，是指企业从自身生产经营现状及资金运用情况出发，根据经营策略与发展需要，经过科学的预测和决策，通过一定的渠道筹集资金以保证企业生产经营需要的经济行为。企业的外部融资渠道主要包括债权融资和股权融资。债权融资是指企业通过举债有偿使用外部资金的一种融资方式。企业需承担所借资金的利息，并且在债务到期后必须偿还债权人的本金。股权融资是指企业股东自愿出让部分所有权，以期通过增资来引进新股东的一种融资方式。企业通过股权融资方式融得的资金不需要还本付息。

本书将企业融资行为的研究对象界定为债权融资。主要原因在于：首先，目前我国仍以银行为主导的金融体系决定了银行信贷是企业最为重要的外部融资渠道。其次，股权融资是向公众或者私人募集资金，整个过程相对来说更加透明和市场化。股票发行的程序满足企业内部和相关监管部门的要求即可，其发行的成本主要受市场化利率的影响。相比之下，债权融资更容易受到宏观经济政策的影响。再次，在企业融资过程中债务融资和股权融资之间具有此增彼减的关系，使得股权融资和债权融资可以说是一枚硬币的两面。优序融资理论中的优先债权融资也决定了研究债权融资更为合适。最后，由经典的 MM 理论可知，债务具有"税盾"效应，因此债务融资和税收的关系更为直接。由此，本书将企业融资行为主要界定为债务融资行为。

本书所涉及的债务融资主要指银行贷款和企业债券。一般而言，银行贷款具有融资成本较低、速度较快，并且交易手续比较简便的优势。此外，企业可以就借款的期限、借款条件等方面的细节问题与金融机构进行商议，具备较大的灵活性。但银行贷款也有一定缺陷，通常情况下，商业银行会基于自身利益的需要而制定诸多限制性的条款。例如，银行贷款期限就存在限制，长期借款占比较小，而短期借款占比相对较大。因此，完全依靠金融机构的贷款来维持生存和发展对企业来说非常不现实。发行企业债券是企业进行债务融资的另外一条途径。债券是债务人为筹集资金，按法定程序发行并向债权人承诺在指定日期还本付息的有价证券。企业可在按时付息情况下获得稳定的资金使用权，但在到期时必须按时偿还相应的本金和利息。发行企业债券属于向外界直接融资的方式，其优势在于交易公开透明，劣势主要是通常含有较多限制性条款且信用风险较高。

三、企业投资行为

企业投资行为，指企业投入一定量的资金，以期在未来获取收益实现价值增值的经济行为。现有文献对企业投资行为的研究，主要涵盖对投资规模的研究和对投资效率的研究。基于已有文献以及本书的研究目的，本书所指的企业投资行为也包括数量和效率两个维度。

数量维度的投资行为以企业资本性投资支出占总资产的比率来衡量，以投资率表示。根据投资活动的具体对象不同，可将企业投资分为实物资产投资、无形资产投资，以及金融资产投资等。实物资产投资主要指以实物作为出资方式的投资，如厂房、建筑物、机器设备等。其中，实物资产投资又可以分为营运资产投资和资本资产投资，前者是指投放在流动资产上的资金，如应收账款、存货等，因其对公司影响的时限较短，也被称为短期投资；后者主要是对固定资产等非流动资产的投资，对公司影响涉及的时间较长，故而称为长期投资。无形资产投资通常是指投资于商誉、专利或专有技术、商标权等不存在实物形态的长期资产。金融资产投资则是指购买有关部门、企业发行的以货币价值形态存在的资产，如股票、债券等，是实物资产的对称。本书的研究对象主要是指实物资产投资中的资本资产投资和无形资产投资等长期投资。此外，通过股权并购或对联营企业投资的方式也可获取对方的实物资产。该类并购投资有助于增加控股股东可控制的资源，最终实现控制权收益。因此，根据研究目的本书也将此类投资纳入研究范畴。

效率维度的投资包括有效率投资与非效率投资。可以结合合意最优资本存量的概念来理解投资效率。合意资本存量是指公司在一个静态点上的资本存量水平，此时资本的边际成本等于边际收益，资本收益率达到最大，此时的合意资本存量是一个最优的资本拥有量。判断一项投资支出是否有效，可看其是否有助于将公司资本存量推向理想的最优资本存量水平。使公司资本存量达到最佳资本存量的投资支出是有效率的，否则就是非效率投资行为。投资过度和投资不足是非效率投资行为的两种具体表现形式。如果企业在投资项目的净现值小于零的情况下仍然实施投资，则此种投资行为表现为投资过度。如果企业在投资项目的净现值大于或等于零的情况下，仍然选择放弃投资则为投资不足。无论是投资过度还是投资不足都是降低资金配置效率、减损公司价值的非效率投资行为。

第二节　税收不确定性影响企业投融资的理论基础

本部分将根据本书的研究主题展开相关理论的回顾，为全书奠定理论基础。权衡理论认为企业资本结构是债务融资抵税收益与财务困境成本之间权衡的结果。现金流理论认为由于外部融资成本高于内部融资成本，因此决定企业投资的是内部现金流状况，企业投资受到融资约束的影响。实务期权理论修正了传统的净现值法则，认为在不确定性和资本不可逆性交互作用下，企业只有在预期边际收益超过了企业投资成本与等待的期权价值之和时才会进行投资，因此不确定性会推迟企业投资。金融摩擦理论则认为金融市场的信息不对称增加了代理成本，而不确定性进一步提高了企业外部融资溢价，阻碍了金融资源的有效配置。

一、权衡理论

税收与企业融资关系方面的研究以税收与资本结构的关系为核心展开。经典的 MM 理论奠定了从税收视角解释资本结构的理论根基。莫迪利安尼和米勒（Modigliani & Miller，1963）认为，由于债务利息可以在缴纳所得税前作为一项费用扣除，因此企业面临的所得税税率将会影响企业资本结构。相较于股权融资，债务融资由于减少了公司应纳税额，增加了企业税后现金流量，进而增加了企业价值产生"税盾"效应。从这个意义上说，公司的负债越多其价值就越高，因此，理论上企业可将负债比例增加到最高以使公司价值最大。但是在现实世界中，企业并没有将负债比例提高至100%。为了解释这一现象，研究者提出了权衡理论。

莫迪利安尼和米勒（Modigliani & Miller，1963）只考虑了债务"税盾"的正面影响，但是却忽略了一味增加债务比例将会给企业带来破产风险。此后的研究放宽了 MM 理论完全信息以外的各种假定，在资本结构模型中考虑了破产成本、代理成本等因素。罗比切克和迈尔斯（Robichek & Myers，1966）指出，虽然企业可以利用债务融资的"税盾"效应，通过增加负债来提升公司价值，但随着企业杠杆率的不断攀升，企业面临的破产风险也在增加，从而使企业陷入由于无力偿还负债而面临破产的困境。因此，负债企业的市值 =（无负债企业市值 + 负债的税盾效应现值 - 负债的破产成本现值）。权衡理论认为应通过破产成本和债务融资税收收益之间的权衡来达到一个最优的资本结构。克劳斯和利岑伯格（Kraus & Litzenberger，1973）构造了一个"状态—偏好"框架，用于权衡公司的破产成本和债务的"税盾"收益，以期获得债务水平小于 100% 的最优资本结构。斯科特（Scott，1976）的经验结果表明破产成本并不能抵销债务的税收收益。当不考虑成本类型时，权衡的含义与 MM（1963）基本类似：提高公司所得税税率会刺激公司进行债务融资；随着债务比率的增加，公司价值会在边际成本等于边际收益时达到最大。此时，加权平均资本成本表现出先降后升的"U"型变化趋势，使资本成本最小的负债水平就是使公司价值最大化的负债水平。因此，企业资本结构是债务融资抵税收益与财务困境成本之间权衡的结果（Bradley et al.，1984）。后续研究则进一步将权衡理论的收益与成本因素加以放宽，如股东与管理层之间代理冲突（Morellec et al.，2012）、财务灵活性（Graham & Harvey，2001；Anderson & Carverhill，2012），综合考虑各种收益与成本因素在决定企业资本结构之中的作用。

二、现金流理论

乔根森（Jorgenson，1963）的新古典模型假定外部资金和内部资金使用成本相同，企业是否投资取决于其投资机会。而现金流量模型认为内部资金的使用成本低于外部资金，因此决定企业资本投资的主要是内部资金，即现金流量，而税收政策会影响企业现金流量（Blundell et al.，1992）。

企业投资所需要的资金主要来源于两个渠道，即内源资金和外源融资。企业内源资金的多寡主要取决于企业的销售收入和盈利状况。外源资金则主要依靠从银行信贷或股票市场两条途径获取。新古典模型的一个关键假设是，在完美资本市场中公司的内部资金成本和外部资金成本是相同的，并且外部融资不受资金供给的限制。因此，公司的投资决策与其融资结构无关，公司如何融资并不重要（Modigliani & Miller，1958）。基于 MM 理论，乔根森（Jorgenson，1963）、霍尔和乔根森（Hall & Jorgenson，1967）也认为，企业的资金使用成本和融资方式无关。然而，在现实世界中，由于契约不完备性导致信息不对称及代理成本等金融摩擦的普遍存在，与外部融资相比，内部资金相对廉价，因而公司的投资额取决于内部资金流量，从而使得一些有利的投资机会因融资成本过高而被放弃，形成融资约束（Myers & Majuf，1984）。不同公司融资能力的差异决定了其投资水平的不同（童盼和陆正飞，2005）。法扎里等（Fazzari et al.，1988）认为当企业融资约束水平高时，企业外部融资成本较高，因此融资约束企业的资本投资更加依赖于内部经营活动产生的现金流。他们将企业的留存收益率作为融资约束的代理指标，首次实证发现融资约束程度越高的公司呈现出较高的投资－现金流敏感性。后续学者大多因循了法扎里等（Fazarri et al.，1988）的研究思路，通过采用不同的融资约束替代指标，均发现融资约束程度越高的企业具有更高的投资－现金流敏感性，间接证明了融资约束对企业投资的抑制效应。

三、实物期权理论

传统的新古典投资理论忽略了投资的三个重要的特征：（1）如果投资（部分）不可逆转，公司必须考虑未来的成本和机会，因为资本支出中至少有部分是沉没成本[①]，一旦投入使用，日后转作其他用途或进行出售以弥补支出的能力将会受到较大程度的限制。（2）面对未来收益的不确定性，投资者只能根据未来每种结果可能出现的概率来评估预期收益。（3）投资者可以选择投资的时机，通过推迟企业投资以获得未来更多的信息。基于投资的不可逆性和不确定性，大量学者在实物投资分析中融入了金融期权[②]理论，形成了不确定条件下的企业投资理论即实物期权理论（McDonald & Siegel，1986；Pindyck，1988，1991；Dixit，1992；Dixit & Pindyck，1994）。

---

① 沉没成本是指已发生或承诺、无法收回的成本支出。
② 期权是一种选择权，是指能在未来某特定时间以特定价格买入或卖出一定数量的某种特定商品的权利。

实物期权理论强调了不确定性条件下的企业行为，并修正了新古典主义理论的标准投资规则，允许预期资本回报率超过投资成本的金额等于等待的价值，强调投资机会的期权特征，并通过动态规划解决最佳投资决策。该理论认为，当企业的投资面临不确定性时，企业可能会等到未来形势更为明朗时再进行投资，相当于企业持有一种类似于金融看涨期权的"等待期权"，即企业拥有现在投资或在未来某个时期获取更多的信息之后再进行投资的权利。如果企业决定延迟投资，那么在这段时间内好消息的到来将会促使企业加速或增加投资，而坏消息将会导致企业减少甚至放弃该投资项目。经济主体在做出投资决策之前，将比较立即行使期权与延期行使期权二者之间的收益大小，不确定性程度越大，等待行使期权的收益越高，因此企业决策者将变得更为谨慎，会一直推迟投资直到不确定性得到缓解（Bernanke，1983）。在这一过程中，由于企业采取等待观望的态度（wait-and-see policy）以等待新信息的到来（Dixit & Pindyck，1994），因此该模型也被称为"观望模型"。由此，传统意义的净现值法则得以修正。投资项目的不可逆性或沉没成本的存在使得企业通过比较当前与未来投资之间的盈利差异来选择具体的投资时机。只有当投资收益中高于投资成本的部分远远超出期权溢价时，企业才会进行投资（Pindyck，1988）。资本不可逆程度越高，企业越难变现资本，因而在做投资决策时就会越发谨慎。而当投资项目完全可逆时企业将不受不确定性冲击的影响，因为他们没有等待的动机。布鲁姆（Bloom，2014）指出，实物期权机制作用的发挥取决于三个前提条件：一是决策作出之后不能被轻易逆转或调整成本非常高；二是企业的投资机会并不会因为延迟而消失；三是当前行为将影响后续行为的回报等。

四、金融摩擦理论

金融摩擦（financial frictions）是指由于金融市场信息不对称的原因，当资金从贷款方转移到借款方的过程中所发生的代理成本，产生这种信息不对称的原因可能是市场信息结构不完善导致的（Bernanke & Gertler，1989）。信息不对称催生了大量的交易成本，从而产生了不完全的金融市场，使得大量有价值的投资项目因得不到充足的资金支持而被迫放弃。金融摩擦使得原本应该相等的投资项目预期回报率与外部融资成本之间形成了一个"楔子"（wedge），意味着借款人将面临更高的外部融资成本或者更少的贷款融资额度。因金融摩擦而产生的代理成本包括监督成本、控制成本、信息成本以及市场分割成本（Calomiris & Ramirez，1996）。在完全没有金融摩擦的金融体系中，资本可以充分流动，由于资本提供者的收益与使用者的成本是等价的，因此商业银行的可贷资金可以完全从拆借市场上获得。而当金融体系中存在摩擦时，金融市场中存在的信息不对称以及不完备的情况，就会对资本的流动性和金融资源的有效配置造成一定的障碍。

金融摩擦主要表现为抵押约束和外部融资溢价两种具体的机制（谭小芬和张文婧，2017）。一是从资金可获得的角度表现出抵押约束机制。通常，借款者被要求提供抵押品以作为获得贷款的条件，可贷资金规模受到借款者可抵押固定资产或金融资产规模的影响，于是资产价格的波动会间接影响借款人所能获得的外部融资数量。资产价格的冲击和波动将恶化借款人的资产负债表状况：当经济遭受负向冲击时，资产价格下降，以该资产作为抵押品的价值缩水减少了借款人的净资产，其外部融资的额度下降且融资成本将快速上升，导致企业的可贷资金减少。借款人的净资产由于受到冲击的影响而发生变动，其外部融资的额度和成本也发生变化，导致借款人不得不调整其投资和消费计划。米什金（Mishkin，1999）认为，股票、房产等资产价格大幅度下降降低了抵押品的价值和公司净资产，加剧了信息不对称问题，金融市场上的逆向选择和道德风险问题更趋严重，导致信贷收缩和经济紧缩。二是从资金价格的角度表现为外部融资溢价机制。由于资金借贷双方之间存在信息不对称，贷款人在向借款人提供贷款时，会在无风险利率的基础上再要求一个"外部融资溢价"（external finance premium），即外部融资成本与内部融资的机会成本之间的差值，以弥补金融中介在评估和监督借款人行为时所产生的各种成本。外部融资溢价包括隐性和显性的融资成本上升。隐性的融资成本上升表现为如果债务人违约，将失去担保物和投入项目中的自有资金。显性的融资成本上升表现为贷款利率的提高，进一步提高了外部融资成本。

第三节　税收不确定性影响企业投融资的机制分析

一、税收影响企业投融资的机理分析

税收作为企业的一项成本支出会显著影响企业的经济行为，尤其是企业投融资行为。为便于切入研究主题，本部分主要从理论上分析税收如何影响企业的投资成本和现金流。

（一）税收对资本使用者成本的影响

新古典投资理论认为，投资由要素价格决定，当单位资本的边际收益大于等于资本成本时企业才会投资（Jorgenson，1963）。在此基础上，霍尔和乔根森（Hall & Jorgenson，1967）的进一步研究发现，税收政策影响企业投资的主要渠道是资本使用者成本（user cost of capital）。其影响路径为：税收政策作用于资本使用者成本—资本使用者成本影响意愿资本需求—意愿资本需求决定企业投资（唐东会，2019）。资本使用者成本主要分为直接成本和机会成本两类，其中，直接成本是指税负、折旧等成本，机会成本是指企业放弃其他资本投资项目的潜在成本。影响企业资本使用者成本（C）的直接因素包括投资品价格（q）、贴现率（r）、折旧率（δ）、税收抵免率（k）、法定所得税税率（u）及一美元投资的折旧扣除现值（z），即 $C = q(r + \delta)\dfrac{(1-k)(1-uz)}{1-u}$。公司税制的任何变化都会影响到税率、折旧扣除现值和投资税收抵免的组合，从而改变资本使用者成本。一般来说，当前的投资取决于对资本使用者成本未来价值的预期。

具体而言，税收通过资本使用者成本对企业投融资决策影响的路径为：

（1）利息抵税。由于借款利息可以在税前抵扣，因此税收政策鼓励企业通过债务融资的方式筹集资金，而非通过股权融资的方式筹资。

（2）折旧免税。加速折旧相对较高的折旧率能够减少资本使用者成本，进而促进企业投资。固定资产在使用寿命之内计提的折旧数额之和取现值就构成了固定的资产折旧抵税的总收益。对于单位固定资产而言，在贴现率固定不变时，折旧抵税收益随着使用年限的增加而减小，即长期资产的抵税收益比短期资产的抵税收益更小。如果政府推行加速折旧政策，那么从抵税收益的视角而言，加速折旧政策对于长短期资产是不同的，加速折旧政策对长期资产的收益提升效果会更大（Musgrave，1979；唐东会，2019）。

（3）企业所得税税率。公司所得税税率越高，资本使用者成本越大，但折旧税收挡板利益也越大，因此，企业的折旧抵税收益会随着税率的降低而减少，加速折旧政策的效果也会相应降低。此外，所得税税率降低也会降低债务融资的抵税收益。

（4）投资税收抵免。企业获得税收抵免会直接降低企业资本使用者成本，如果税法中明确规定投资税收抵免无法计入计算固定资产折旧的基数，那么投资税收抵免会降低固定资产折旧的抵税收益。

（5）税收政策实施预期对投资时机的影响。如果企业预期税收政策变动将实施投资税收抵免，那么企业会推迟投资时机，即企业为了充分利用未来的税收抵免政策，会推迟当期的投资行为，以减少未来的投资调整成本；如果企业预期未来的适用税率下降，则会扩大投资规模，充分利用当前的投资折旧抵税收益（唐东会，2019）。

（二）税收对企业现金流的影响

企业实际缴纳的税负多少会直接影响经营现金流量。由于在计算企业净利润时需要考虑所得税的因素，因此税收因素会通过影响净利润作用于现金流量，从而使投资下降。降低企业所得税率可以直接增加企业税后利润，减少企业纳税现金流出。固定资产加速折旧可以为企业提供稳定的内源性资金，缓解公司的融资约束，降低融资成本进而刺激投资，并有可能导致投资机会的变化。企业获得投资税收抵免也会增加现金流入。

增值税主要通过抵扣滞后和转嫁不足两种方式影响企业的现金流量。其中，抵扣滞后是指增值税的实施采取的是"先缴纳后抵扣"的政策，在税收抵扣之前，增值税会对企业的现金流量产生影响。具体而言，从进项税额的角度，企业取得进项税额发票和实际抵扣之间存在间隔，这段间隔期会通过影响进项税额的大小改变企业的现金流量；从销项税额的角度，如果销项税额小于进项税额，就会产生留抵税额，它虽然可以无限期结转，但在正式抵扣销项税额之前，依然由企业承担。转嫁不足指的是增值税虽然可以转嫁，但是通常转嫁不完全，进而会导致企业自身承担一部分增值税。虽然对企业管理者而言，增值税不会对利润表产生影响，即不影响税后利润，但是增值税如同企业所得税一样会降低企业的现金流量。

通过以上分析可知，税收会对企业现金流量产生实际影响，如果企业税负高低与实际业绩不匹配时，企业的现金流会发生较大波动，进而影响公司的投融资决策，并会增加公司估值的不确定性（刘凤委等，2016）。

二、税收不确定性影响企业债务融资的机制分析

企业的债务融资决策同时受资金供给方和资金需求方的制约，而税收不

确定性对资金需求方和供给方均有影响。从资金需求层面看，税收不确定性上升增大了税后现金流波动性，增加了企业面临的财务困境和破产风险，降低了债务的税盾价值。因此，企业会主动缩减债务融资规模以规避未来面临的各种风险。从资金供给层面看，税收不确定性增大了金融摩擦，提高了企业外部融资成本，降低了企业债务融资的可获得性。

（一）资金需求层面

根据权衡理论，虽然企业可以利用债务融资的税盾效应，通过负债融资提升公司的市场价值，但是财务杠杆率的增加也会相应助长企业面临的破产清算风险，从而使企业陷入由于无力偿还负债而面临破产的困境（Robichek & Myers，1966）。因此，企业会通过权衡破产成本和债务融资收益来达到一个最优的资本结构。税收政策或税收执法方面的不确定性增加了企业税后现金流的波动，加大了企业的债务违约风险和破产风险，降低了债务的税盾价值。

税收政策的频繁调整及不可预测性、税法的不明确性及税收执法方面自由裁量权等可能会加剧企业税后现金流波动，使企业面临更大的财务困境和更高的破产风险，企业可能会出于规避风险的考虑选择主动降低债务融资规模。冈瑟等（Guenther et al.，2017）指出，税收不确定性会导致企业纳税额波动，如果纳税额在公司现金流中占比高，则公司纳税额的不确定性可能导致公司整体现金流的不确定性。现金流被称为企业的"血液"，在企业的生产经营过程中至关重要，其运行状况不仅决定着企业的支付能力，也在一定程度上决定着企业抵御风险的能力。稳定的现金流能够保障投资和日常运营的需要，降低公司对外源融资的依赖，减少资本市场的约束和限制，从而提高公司价值（Froot，1993）。但是，现金流的波动是企业现金短缺的信号（Bates et al.，2009），现金流波动会显著降低公司价值（Rountree，2008）。税收相关因素如折旧、所得税率和税收优惠政策等都会在一定程度上影响企业的经营现金流[①]。当税收不确定性加大时，受折旧和所得税等影响的企业纳税额的波动也会相应增大，进而就会增加公司整体税后现金流的波动性。现金流波动性越强，企业管理层对未来现金流的预测偏差就越大，预示着企业面临更高的财务困境和破产风险。如果企业自身无足够的现金流，又缺少

---

① 企业的经营现金流＝息税前利润＋折旧－所得税。

偿债能力无力从外部筹资，就会陷入难以为继的窘境。出于规避风险的考虑，企业可能会选择主动降低债务融资规模以降低面临的各种风险。已有研究表明，更高的现金流波动率增加了债务的边际成本，降低了对债务的使用，导致企业杠杆率的降低（Keefe & Yaghoubi，2016；Memon et al.，2018）。现金流波动越大，企业的融资难度也越大（Fluck，1998）。莱兰（Leland，1994）认为，预期的财务困境成本抵消了债务的税盾优势，现金流波动性使企业受益于债务税盾情况发生的可能性降低了。明顿和施兰克（Minton & Schrand，1999）针对债务成本的实证研究表明，债务成本与现金流波动率之间存在正向关系，面临高现金流波动性的公司会降低债务水平以降低债务成本。由于企业税后现金流波动性在很大程度上受到税收不确定性的影响，因而税收不确定性越高，企业的财务风险也越大，从而降低了债务融资的税盾价值。因此，企业会主动降低债务融资规模，以规避未来面临的各种风险。

（二）资金供给层面

从资金供给层面看，根据金融摩擦理论，金融市场中的信息不对称产生了大量交易成本，使借款人面临更高的融资成本和更少的贷款额度。不确定性进一步加剧了金融市场的信息不对称，代理问题和逆向选择问题更加严重。不确定性和金融摩擦相互作用，通过外部风险溢价机制增加了企业外部融资成本，降低了外部资金的可获得性。

税收不确定性增大了金融摩擦，增加了股权和期限的风险溢价，恶化了外部融资环境。为了规避风险，银行通常会采取紧缩的信贷政策。一方面，当税收政策出现随机变化时，债券和股票价格都会迅速调整以使资本市场出清。为补偿税收变动带来的风险，投资者一般会要求更长的期限和更高的股本溢价，从而提高了预期资产回报（Sialm，2006；Croce et al.，2016）。另一方面，税收不确定性还可能通过影响投资者对企业未来现金流的预期，导致资产价格波动。税收政策不确定性越高的时期，股票收益的波动率也越高，并且当企业的纳税额波动越大时，二者关系越显著。税收政策不确定性以更高风险溢价的形式增加了外部资本市场投资者的实际成本（Givoly & Hayn，1992；Hoopes，2012；Pástor & Veronesi，2013；Brown et al.，2017）。企业的税后现金流波动性越大，金融机构与企业之间的信息不对称程度越高，逆向选择和道德风险问题也会更加严重，进而加速了风险在整个金融体系和实体经济中的蔓延（Marshall，1998；Mishkin，1999）。金融机构出于谨慎性的考虑，不仅会缩减信贷规模以补充自身的流动性（Baum et al.，2009），而且会提高贷款利率并在贷款合同中添加非价格条款以提高信贷门槛，进一步增加了企业的融资成本（Gao & Qi，2013；Francis et al.，2014），从而导致企业可获得的融资下降。

三、税收不确定性影响企业投资的机制分析

一方面，在投资不可逆的情况下，税收不确定性上升将增加企业拥有的投资机会的等待价值，从而对企业投资产生直接的抑制效应；另一方面，税收不确定性可能导致企业的融资成本上升，恶化企业面临的融资约束程度，进而降低企业的投资规模。

（一）实物期权渠道

根据实物期权理论，当投资不可逆且企业可以选择投资时机时，会将投资视为一份基于未来现金流的实物期权，对未来收益的不确定性会增加期权持有价值。如果企业决定在当期进行投资，意味着舍弃等待未来更好投资机会出现的权利，而这种未来投资机会恰好是当前投资所需承担的机会成本。理性的投资者会在当前预期投资收益与未来的期权等待价值之间进行权衡取舍，只有在当前投资收益大于当期投资成本与期权等待价值之和时，才会做出当期投资决策。依据期权定价理论，未来投资的等待价值与未来现金流量的不确定性显著正相关，经济政策不确定性的上升会通过提升现金流的不确定性提高期权的等待价值（李凤羽和杨墨竹，2015）。因此，不确定性的存在使企业选择等待观望（Bernanke，1983），以获得更大的等待期权价值（Dixit & Pindyck，1994），从而导致当期的投资水平下降。布鲁姆（Bloom，2009）的研究表明，由于较高的不确定性使得期权具有更高的等待价值，如果企业面临的不确定性越高，企业对当期投资的削减力度会越大。

税收不确定性对企业投资也存在着"二阶距冲击"效应，即企业对投资收益的预期受到了税收不确定性的影响，在企业未能获取到有利信息之前，投资决策会受到较大程度的抑制。税收不仅影响投资项目的现金流、税后利率和初始支出，还影响投资时机灵活性的价值，即投资期权。当投资不可逆时，投资者会立即比较投资的成本和收益。收益即为投资项目在随机纳税后的预期现值，成本包括项目的初始成本和等待的期权价值。只有当投资者观

察到有足够多的税后现金流时才会行使投资期权。对于不可逆性投资，未来税收变化的预期会通过改变资本的预期边际价值和等待的期权价值来影响投资（Altug et al.，2009）。税收政策的经常性波动以及税收执法的弹性空间增加加剧了企业纳税额的波动，进而增加了企业未来税后现金流的不确定性。现金流的不确定性体现了企业经营过程中的不确定，意味着企业面临更大的风险（张成思和刘贯春，2018）。当企业面临的经营风险增大，而对未来的现金流预期又比较悲观时，通常会做出更为谨慎的投资决策。阿尔图格等（Altug et al.，2009）表明，面对不可逆的投资，以及对未来需求和税后成本的不确定性，企业会保持谨慎的态度。增加投资税收抵免的不确定性只会增加投资的波动性，并且可能在长期对投资水平产生负面影响。斯托基（Stokey，2016）的研究也表明，如果企业认为未来能够享受投资税收激励时，企业会策略性地暂停当期投资，以争取获得未来较高水平的税收优惠。陈胤默等（2019）、杨武和李升（2019）发现我国税收政策不确定性和税收征管不确定性显著降低了企业对外直接投资。

（二）金融摩擦渠道

吉尔克里斯特等（Gilchrist et al.，2014）认为，不确定性对企业投资的影响并非均来源于高不确定性下的实物期权价值以及由此产生的驻足观望效应，还可能来自金融系统本身的摩擦。在不可逆程度低的企业中，经济政策不确定性对企业投资依然存在一定的负向效应，因此实物期权引致的拖延效应可能并不是经济政策不确定性影响企业投资的唯一机制，受到不确定影响较大的融资渠道会显著地降低企业的投资（Gulen & Ion，2016）。金融摩擦可能通过企业层面的外部融资约束以及银行层面信贷供给的约束影响企业投资决策。本书认为，税收不确定性也可能由于金融摩擦引致资金成本上升，加剧企业融资约束，从而间接降低企业投资。

从企业自身的角度来看，当其面临的税收不确定较高时，企业受税收不确定性的影响可能会出现资金错配和资产价格下降等情况（Sialm，2006），从而导致资产负债表缩水、抵押品价值降低，进而导致新的贷款推迟（Yan & Luis，2013）。另外，由于企业的外部融资溢价与其净财富负相关（Bernanke et al.，1999），企业财务状况的恶化则会提高外部融资成本。银行等债权人出于降低自身风险的考虑在放贷行为上会变得更为谨慎，引起作为投资主要资金来源之一的贷款额度下降或者贷款利率提高，进而使得企业削减投资支出或投资维持成本升高（饶品贵等，2017）。企业被感知风险越高，贷款人的预期损失也就越大，借贷难度和成本也就越高。外部融资成本的提高使企业更加依赖内部现金流，而当企业没有充足的现金流时，就会被迫放弃一些具有正的净现值的投资项目。因此，税收不确定性的上升导致企业外部融资成本增加，加剧了企业面临的融资约束，进而对企业投资产生抑制作用。

第三章

我国税收不确定性和企业
投融资现状分析

研究税收不确定性是否影响实体经济的行为，首要的是厘清我国的税收环境是否存在不确定性，以及企业面临的税收不确定性和投融资的现状如何。本章首先从税收立法和税收执法层面对税收不确定性的来源进行详细介绍。其次，明确我国企业面临的税收不确定性和企业投融资的总体水平及布局现状。在构建税收不确定性和企业投融资衡量指标基础上，分别从总体特征、产权性质，以及企业规模、所处地区和行业多个维度梳理和呈现税收不确定性与企业投融资行为的概貌，为后续章节的实证研究奠定扎实的制度背景基础。

第一节　导致我国税收不确定性的主要因素

一、我国税收立法层面的不确定性

（一）税收政策频繁调整，缺乏稳定性

税收制度是国家在一定的历史时期，根据经济、社会和政治的具体情况而制定的法律法规。因此，任何国家的税收制度必然深深地根植于当时的经济和社会体系，并随着经济社会环境的变化而相应地作出调整，导致税收政策表现出较强的不确定性（杨洪，2017；林源和马金华，2019）。

首先，经济社会环境的变化要求税收政策作出调整。税收作为国家调控经济运行和社会发展的重要工具与手段，必然要随经济环境的变化而作出调整。我国自 1992 年正式提出建立社会主义市场经济体制目标以来，各项领域的改革都进入了快车道。税收领域也经历了一系列影响深远的税制改革，如 2002 年开始的企业所得税收入分享改革、2004 年东北地区率先实行的增值税转型、2007 年统一内外资企业所得税、2012 年开始推行的营改增，以及 2019 年的资源税改革等。改革最终会不会实施、改革的时机和规模等都充满不确定性。例如，有关房产税改革的争论已有多年，至今仍未完成立法；增值税改革之初的时间和规模对于纳税人来说也具有不可预测性，这种不确定性可能会通过改变投资者的预期从而影响其经营决策。

除了税制改革本身带来的不确定性之外，税法条款的频繁调整也会导致税收的不确定性。由于经济发展形势瞬息万变，新的交易方式和商业模式层出不穷，而税法的修订通常滞后于经济发展，很多政策在没有充分准备的情况下仓促出台，导致一些税法条款模糊不清，在实践中的可操作性较差。为了解决上述问题，相关行政部门通常以下位法细化、增修上述法律，而通过税法立法的单行税种法的适用也常常不得不依赖于行政机关所制定的细则。于是出现了频繁出台配套政策，用规范性文件来打补丁的现象。这种做法极易引发新旧政策衔接不畅而出现的政策空白，导致纳税人税收负担的不确定性，从而可能增加纳税主体的额外成本。例如，我国于 1996 年开始实施企业研发费用加计扣除政策，2007 年出台的《企业所得税法》和《企业所得税法实施条例》首次以法律形式确认了研发费用加计扣除优惠政策。此后，在 2008 年、2013 年、2015 年、2017 年、2018 年、2021 年和 2023 年又陆续发布相关政策文件对研发费用加计扣除办法进行完善。自 2008 年全球金融危机爆发至今，我国已至少先后出台了 12 份有关固定资产折旧的税收优惠政策文件。税法条款频繁调整可能会让纳税人感到无所适从，在一定程度上增加了纳税负担的波动性，违背了政策出台的初衷。

其次，我国政治经济周期也会带来税收政策的变动。中央或地方的主要行政官员更替后，继任的领导可能会改变原来政策或政策执行的力度，从而导致税收政策缺乏稳定性。新上任的官员可能会增加政策的供给，或者减少原有政策的执行力度甚至对原有政策进行变革（朱军，2017）。尤其在我国中央与地方分权的背景下，地方政府官员对所在地区的经济发展具有相当大的自主权，而不同政府官员的施政理念和施政方略又存在很大的差异，因此地方政府官员换届之后往往随之而来的是旧政策的终止和新政策的实施，很容易导致税收政策的不稳定性（才国伟等，2018）。加之外部经济压力下财政主体的相机抉择、税收竞争的无序化，使我国税收政策环境常常呈现较高的不确定性。

（二）税收政策文件数量庞大，体系不一

首先，我国税收制度冗杂，税制体系庞大，除了人大立法和国务院颁布的行政法规外，还存在大量的部门规章制度。在 2015 年修正的《中华人民共和国立法法》正式提出税收法定原则之前，我国现行的 18 个税种中只有企业所得税、个人所得税和车船税 3 个税种通过全国人大立法，其他绝大多数税收事项都是依靠行政法规、规章及规范性文件来规定。根据国家税务总局网站，2002 ~ 2018 年，我国累计出台了 3 200 余条税收政策，其中涉及 390 余条所得税税法条款、500 余条增值税税法条款，如果再加上地方政府出台的税收优惠政策，将是一个异常庞大的税收政策体系。如图 3 - 1、图 3 - 2 所示。

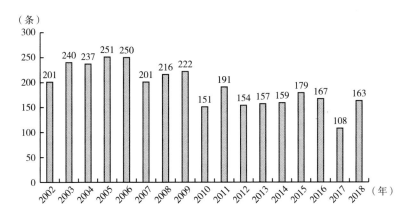

图 3 - 1　2002 ~ 2018 年国家税务总局发布的税收法规数量

资料来源：国家税务总局网站，经笔者手工整理。

近年来，我国各级政府一直利用税收优惠作为吸引外资和促进经济发展，以实现特定社会经济目标的有力调控工具。随着经济发展目标和发展阶段的改变，政府不断出台新的税收优惠政策，然而旧的税收优惠政策却没有得到及时有效清理，导致税收优惠项目越来越多。目前，以税前扣除、税额减免、优惠税率等多种形式存在的各类税收优惠政策不止种类繁多，并且规模庞大，零散地分布于财政部和国家税务总局发布的各项通知和规定中，除此之外还

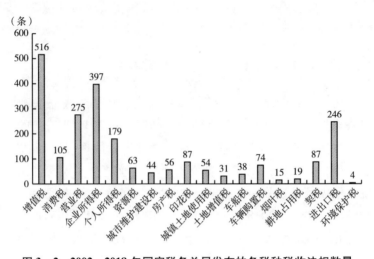

图 3 - 2　2002~2018 年国家税务总局发布的各税种税收法规数量

资料来源：国家税务总局网站，经笔者手工整理。

有各税种的单行法、行政法规和部门规章等。截至 2013 年 12 月 31 日，国务院财税部门发布的 2 154 个关于税收优惠的规范性文件涵盖了所有现行税种，且大部分都是 2000 年之后下发的（熊伟，2014）。虽然税收优惠项目在经历2015 年短暂的清理之后数量有所减少，但除了各级地方政府出台各种税收优惠项目外，中央政府仍在现行 15 个税种中保留了 621 个税收优惠项目（王玮，2017）。

其次，税收规范性文件存在"政出多门"、体系不统一，且缺乏清晰度的问题。由于同一个涉税事项可能由多个税收规范性文件做出规定，不仅不同部门下发的大量文件可能会产生冲突，同一部门不同时期发布的税收规范性文件也可能存在前后规定不一致的情况，极易导致税务执法的不一致性和政策的不确定性。

（三）税制要素和税法表述复杂

过多的税种、过细的税率档次、复杂的税收减免条款等都会导致税法的复杂性。不管纳税人通过自己研究还是购买专家意见，想要了解税法信息均需花费一定经济成本，而税法的复杂程度则决定了经济成本的大小。税法的复杂性虽然具有一定的合理性，但超过一定的限度就会大大削弱立法效果。尤其是在税法具有高度专业性的背景下，过度复杂的税法极大程度上增加了征纳双方准确理解税收政策的难度。例如，复杂的税收优惠政策设计，一方面，可能导致有资格享受税收优惠的企业放弃资格，而没有资格享受税收优惠的企业采取"冒险行为"；另一方面，也增加了税务机关的稽查成本和稽查准确性（郭庆旺和罗宁，2002）。因此，税法的过度复杂性也增加了税收政策的不确定性。

　　我国现行的税种较多，税制要素复杂，且部分税种税制要素不全，不同税种税制要素口径不一，不同税种按期纳税的纳税期限时间也不一致（陆猛和吴国玖，2017）。设置的税种过多就容易出现重叠的设置、计税依据混乱或错用税率的问题，造成税制体系的混乱和复杂。我国的税种在1993年时曾高达37种，此后虽历经多次税制简化，目前仍保留有18个税种。现行的企业所得税、增值税、个人所得税等税种的规定非常复杂，纳税人需要区分不同的情况、经过多个步骤或环节的计算才能得出应纳税额。计算过程的复杂性可能导致结果的多变性，极易出现因为理解偏差所引致的政策误用，进而给纳税人的预期带来不确定性。而据世界银行数据库统计，新加坡的税制要素简洁，现行的主要税种只有5种，大大增强了对外商投资的吸引力。此外，各税种纳税期限因征收对象、计税环节不同而不尽相同，同一税种因纳税人经营情况、财务会计核算不同、应纳税额大小不等，申报期限也不一样。对于按期纳税的，不同税种又有不同的规定，极易造成混淆。

　　多档次的税率虽然有利于税法的公平和效率，但也增加了税制的复杂性，加大了纳税人偷逃税动机和执法监督的成本。近年来，在增值税的改革过程中形成了非常复杂的税率制度。增值税税率在第一次调整时，在原有13%、17%两档法定税率基础上，增加了6%和11%的两档优惠税率。小规模纳税人适用简易计税办法，统一按3%征收率计算缴纳增值税。同时，对于一些特殊行业还有特殊的税率规定，例如对出口货物销售适用零税率，教育、养老、医疗、婚介等40种行业或服务免征增值税。迄今为止，增值税税率历经四次调整，经历了两档到四档、四档到三档的过程。过量增加优惠税率的做法使原本就计算方法繁复的增值税变得更为复杂，不仅提高了纳税人错用税率的风险，也加大了征纳双方的经济成本。企业所得税税率目前也有四个档次，分别为基准税率25%、两档优惠税率20%和15%、预提所得税税率10%。增值税税率调整情况如表3-1所示，企业所得税税率如表3-2所示。

表 3 - 1   增值税税率调整情况

时间	税率（%）				税法依据
	销售一般货物、劳务	销售农产品等列举货物	销售列举服务、土地使用权、不动产	销售一般服务、转让无形资产	
2016 年 5 月之前	17	13			《增值税暂行条例》
2016 年 5 月 1 日 ~ 2017 年 6 月 30 日	17	13	11	6	《财政部 国家税务总局关于全面推开营业税改征增值税试点的通知》
2017 年 7 月 1 日 ~ 2018 年 4 月 30 日	17	11		6	《财政部 税务总局关于简并增值税税率有关政策的通知》
2018 年 5 月 1 日 ~ 2019 年 3 月 31 日	16	10		6	《财政部 税务总局关于调整增值税税率的通知》
2019 年 4 月 1 日起	13	9		6	《财政部 税务总局 海关总署关于深化增值税改革有关政策的公告》

表 3 - 2   企业所得税税率

种类	税率	适用范围
基准税率	25%	适用于居民企业
		中国境内设有机构、场所且所得与机构、场所有关联的非居民企业
两档优惠税率	减按 20%	符合条件的小型微利企业
	减按 15%	国家重点扶持的高新技术企业
预提所得税税率（扣缴义务人代扣代缴）	20%（实际征税时适用 10% 税率）	适用于在中国境内未设立机构、场所的或者虽设立机构、场所但取得的所得与其所设机构、场所没有实际联系的非居民企业

    种类和名目繁多的各式税收减免条款也增加了税制的复杂性，大大增加了征纳双方理解和掌握税法的难度。我国的税收减免方式多种多样，从时间上可分为定期减免和不定期减免；从性质上可分为政策减免、困难减免和一般减免；从与税法的关系上可划分为法定减免和非法定减免，法定减免具有

稳定性、持久性和规范性特征，而非法定减免往往具有灵活性、应急性和针对性等特征；按减免方法又可分为税基式减免、税率式减免和税额式减免。具体以减免方法为例，税基式减免又包括起征点、免征额、项目扣除以及跨期结转等方式。税率式减免较为简洁，即将课征对象适用税率归入低税率。税额式减免具体包括全部免征、减半征收、核定减征率征收以及另定减征额等。相对而言，减免税基和税额的方法不仅透明度低，而且政策缺乏整体性，容易碎片化，增加了纳税人理解和掌握优惠政策的难度，不利于引导企业理性预期。目前，我国所得税优惠方式包括降低税率、减免税额、延期纳税、税前加计扣除、固定资产加速折旧等；增值税、关税、消费税、契税、印花税的优惠方式主要以退税、免税、减税等为主。在这些减免方法中，税基或税额式减免的方式最为常见，如税前扣除，对小微企业、高新技术企业在抵扣上的优惠政策支持等。

此外，在各种不同形式的税收减免条款中还存在大量的临时性条款，也会带来税收的不确定性。临时性税收条款主要包括两种形式：一种是在规则条文中明确规定了规则的失效时间。目前，在国务院制定或批复的区域性发展规划或经国务院授权、由财政部和国家税务总局联合制定的税收政策文件中，存在一些附有失效日期或执行期限的临时性税收优惠政策。另一种则是法规名称中标明试行字样或是暂行字样等。对于第一种临时性税收条款，尽管失效时间是明确的，但新的规则何时颁布以及优惠程度是更大还是更小甚或完全取消，对于投资者或纳税人来说都是未知的。在第二种情形的临时性条款中，纳税人对该法律条款何时失效、后续是否或者有何种替代性措施，同样不得而知。因此，对纳税人来说，两种临时性条款都会带来税收的不确定性（杨洪，2019）。

（四）税法表述的抽象性和模糊性

税法就征税事项的内容、标的、目的及范围予以明确而具体的规定，是税收法定主义的应有之义。然而，一方面，从立法技术层面看，在立法者界定法律概念时，通常不予考虑某个特定概念难以确定的两可情形，从而使该概念周围形成大片模糊不清区域。如若税法文本中存在着大量诸如此类的不确定概念，税法规则适用的不确定性就会增大（汤洁茵，2016）。另一方面，囿于立法者本身的认知和表述能力，其不可能预计到每一项新产品、新服务，以及每一个新出现的商业模式，从而将每一个纳税人的具体交易与交易结构情形都包括在其文本阐述之中。因此，为了灵活地应对未来出现的新情况可能对现有税法造成的挑战，通常立法者会将税法条文制定得较为抽象概括，如税收条款中经常采用"有关的""合理的"等比较模糊的词语。特别是在反避税立法中，由于该类条款通常比较笼统与抽象，因此在适用和执行时很大程度上需依靠法官或税务机关的自由裁量行事，在这种情形下对于纳税人而言其不确定性就会大大增加（杨洪，2019）。例如，我国2007年颁布的《企业所得税法》第四十七条规定"企业实施其他不具有合理商业目的的安排而减少其应纳税收入或者所得额的，税务机关有权按照合理方法调整"。但哪些安排构成了"不具有合理商业目的"，《企业所得税实施条例》并未给出明确规定。

二、我国税收执法层面的不确定性

（一）税务机关执法尺度不一，自由裁量权较大

由于税法的复杂性和抽象性，在现行税收政策赋予执法人员较大的自由裁量权和解释权的情况下，极易导致由于执法尺度不一所带来的执法随意性问题，大大提高了征纳双方发生涉税争议的可能性，导致了税收执法的不确定性。在税收征管过程中，对于税额的核定、税负减免调整、纳税风险评估的具体质量要求等环节的相关规定过于概念化，而税务人员又拥有在法律规定的范围内自行掌握执法尺度、决定如何适用税法的权利，这种情况下就容易产生过大的执法自由裁量权。目前，我国税收征管环境已发生较大变化，但现有的税收法律、法规、政策和制度等并未随税收征管环境的变化而及时做出调整，有些法律处罚标准制定得过于简约、宽泛。最典型的莫过于税务稽查环节，根据《税收征管法》规定，对偷税金额的处罚标准分为了 $0.5 \sim 5$ 倍的几档，但每档的实施细则过于简约，从而使税务人员执法时主要依靠个人主观判断，存在过大的主观认定空间。2018年中国税务行政诉讼大数据报告显示，2006年以前我国的税务行政诉讼裁判文书数量为0，而2006年之后，尤其是2012年之后，税务行政诉讼文书数量呈明显上升趋势（见图3-3）。

此外，税收任务多少会导致税收执法的松紧度不一问题，从而带来税收执法的不确定性。税务机关在税收任务压力大时把握政策偏紧，税收任务压

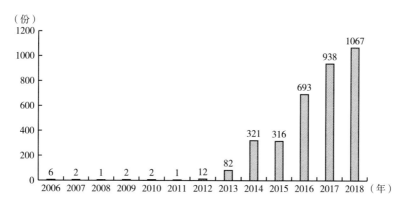

图 3 - 3　2006～2018 年我国税务行政诉讼文书数量

资料来源：2018 年中国税务行政诉讼大数据报告。

力小时则把握政策偏松。由于全国各地发展极不平衡，税务机关对税收政策的把握松紧度不同（王会波，2017）。

（二）税法解释制度设计和执行方面存在瑕疵

法律适用离不开对法律的解释。税法解释，就是对税法中的某些条文做出进一步的解析和阐述。从解释的主体来看，广义的税法解释包括立法解释、行政解释和司法解释；狭义的税法解释仅指行政解释，特别是仅征税机关的解释。税法解释方面的瑕疵会加大纳税人理解税法内涵的难度，难以满足其对税收政策确定性的需求。当前我国在税收政策解释制度的设计和执行方面依然存在诸多问题。

首先，税法解释的效力仍然较低。纳税人无法获得权威性的政策指引，难以满足企业对税收政策确定性的需求。目前，效力较高的立法解释与司法解释数量在税法解释中极少，税收政策高度专业性的特点决定了税务行政解释在税法解释中的主导地位，大量的税法解释均由财政部、国家税务总局、地方政府和省级以下税务机关完成。由于税法解释大多为税收规范性文件，而规范性文件在整个税法体系中的地位和效力都很低，因此，在司法审判中并不会被作为法律依据。权威性税收政策解释的缺失，容易导致税务执法人员解读税收政策的随意性，对税收政策解释的合理性和可预测性效果产生负面影响（贾先川和朱甜甜，2019）。

其次，税法解释主体多元，协调机制不够完善。现实中税法解释权与税法制定权通常是分开的，全国人大或国务院虽然制定税收法律、法规，但很少负责对税法进行解释，解释权主要授权给税法的执行机关如财政部、国家税务总局等部门。相关机构的职责划分在法律上不够明确，在实践操作中的界限也不够清晰。

最后，税法解释表现形式不规范。税法解释文本的名称和形式没有统一的规范，税法解释文件的表现形式过于繁杂。除了国家税务总局明确使用"公告"作为行政解释的正式文件外，其他部门通常使用诸如"通知""规定""通告""办法""答复""批复""意见"等形式进行税法行政解释。同时，对解释的理由没有具体的说明，对解释的方法也没有明确的规定。此外，税法解释在内容与形式之间没有严格的对应关系，造成税法解释上的混乱。目前，虽然已经实现了政策公告与政策解读稿的同时发布，但部分解读稿只是对公告正文进行简单的重复或者同义替换，而没有对政策的主要内容进行解释和说明，难以起到帮助纳税人理解公告的作用。

第二节　我国税收不确定性的现状分析

一、税收不确定性指标测算

关于税收不确定性指标的计算，已有文献主要应用了经济政策不确定性指数（Baker et al.，2016）、税收变量的波动（Edmiston，2004；杨武等，2019；杨武和李升，2019；Jacob et al.，2019）和会计报表中的所得税不确定性信息（Blouin et al.，2012；Jacob et al.，2019；Hanlon et al.，2017）三种方法来衡量。贝克等（Baker et al.，2016）只构建了我国经济政策不确定性的总指数，很难将税收政策不确定性的效应同其他财政政策或货币政策的效应区分开来。另外，我国的现行会计准则当中也没有关于披露企业税务状况不确定性信息的规定。由于各种原因（包括国内和国际税法的变化等），企业的纳税可能会随着时间的推移而发生变化。有效税率较为稳定的公司其税收不确定性可能相对较低，而有效税率波动较大的公司可能具有较高的税收不确定性。不管税收不确定性的来源是什么，公司税率的变化应该反映在投资者在评估公司未来税后现金流时，对税前收入或现金流适用税率的不确定性上（Guenther et al.，2017）。因此，借鉴雅各布等（Jacob et al.，2019）

的研究，本书选择实际税率的波动来衡量我国企业面临的税收不确定状况。企业实际税率的波动是个综合性指标，可以综合反映来自税收变动、税法的模糊性和企业避税导致的不确定性。并且这是一种直观的衡量标准，因为税收状况不确定的公司随着时间的推移表现出更大的税收支付的波动性（Neuman，2019）。

目前，增值税和企业所得税是我国最为重要的两个税种。2018 年，国内增值税占总税收收入的比重为39%，企业所得税的比重为23%，两者合计超过全部税收收入的 60%。由于企业增值税税负较难进行直接测度，而相对于商品劳务税政策，企业所得税政策的风险更难转嫁，企业所得税政策不确定性对企业行为的影响更加直接和敏感（龚旻等，2018）。因此，本书主要采用企业所得税有效税率的波动作为企业面临的税收不确定性的代理指标。其中，企业所得税有效税率的波动等于企业所得税有效税率（删除有效税率大于 1 和小于 0 的值）当年及滞后四年的标准差除以连续五年的有效税率绝对平均值。此外，本部分也考察了综合税负的不确定性状况，并将其与所得税的不确定性状况进行对比。综合税负的波动等于企业综合税负（删除有效税率大于 1 和小于 0 的值）当年及滞后四年的标准差除以连续五年的有效税率绝对平均值。根据已有文献，企业所得税有效税率等于所得税费用除以息税前利润（吴联生，2009）；企业综合税负等于企业支付的各项税费减去收到的税费返还之差再除以营业收入（吴祖光和万迪昉，2012；庞凤喜和刘畅，2017）。

数据样本为沪深 A 股上市公司，数据来自国泰安 CSMAR 数据库，剔除金融行业公司，剔除数据缺失的样本；剔除 ST、PT 样本；对连续型变量进行了上下 1% 的 Winsorize 处理。样本期为 2000～2017 年，因为税收不确定性的指标计算需要用到滞后四年的数据，所以有效税率的实际取值范围为 1996～2017 年。

具体计算公式为：

$$SD = \sqrt{\frac{1}{N-1}\sum_{n=1}^{N}\left(ETR - \frac{1}{N}\sum_{n=1}^{N}ETR\right)^2}\,(N = 5) \qquad (3-1)$$

$$MEAN = \frac{1}{N}\sum_{n=1}^{N}ETR(N = 5) \qquad (3-2)$$

$$CV = \frac{SD}{MEAN} \qquad (3-3)$$

式（3-1）中，SD 表示企业当年及滞后四年有效税率的标准差，n 表示观测时间段内的年份，取值范围为当前年份及滞后四年。企业所得税有效税率（ETR1）＝所得税费用÷息税前利润；企业综合税负有效税率（ETR2）＝（企业支付的各项税费－收到的税费返还）÷营业收入。

式（3-2）中，MEAN 表示当前及滞后四年企业所得税有效税率的绝对平均值。

式（3-3）中，CV 分别是所得税实际税率和综合税率的变异系数，即有效税率当年及滞后四年的标准差除以连续五年的有效税率绝对平均值，分别表示企业所得税不确定性和企业综合税负不确定性。

二、我国企业税收不确定性分布的总体概况

（一）我国企业税收不确定性的平均水平状况

企业税收不确定性的平均水平反映了特定时期内不同类型企业税收不确定状况的总体水平，是企业税收不确定状况的集中体现。

表 3-3 为 2000～2017 年我国企业所得税不确定性和综合税负不确定性的均值和标准差水平的描述性统计。在企业所得税不确定性方面，2000 年企业所得税不确定性的均值为 0.541，从 2002 年开始迅速增加，在 2009 年金融危机期间达到峰值 0.709，之后逐渐回落至 2014 年的 0.520，其后又有回升迹象。整体来看，企业所得税不确定性呈现较大的波动幅度，说明企业所得税不确定性各年度差异性明显。在综合税负不确定性方面，2000 年企业综合税负不确定性为 0.448，之后缓慢上升，从 2002 年达到最高点 0.497 之后开始逐渐下降，到 2007 年到达最低点 0.398 之后又有缓慢回升。整体观之，企业综合税负不确定性较为平稳，各年度差异性不大。企业所得税和综合税负的波动趋势与我国 2002 年以来在税收领域开展的一系列改革及政策的频繁调整有密切关联。我国自 1992 年进入建立社会主义市场经济体制时期以来，为了实现不同时期经济发展目标，税制改革也进入快车道。2002 年开始的所得税收入分享改革、2004～2009 年的增值税转型改革、2008 年 1 月 1 日开始实施的《企业所得税法》、2012 年开始至 2016 年全面推开的"营改增"等，这些重大的税制改革以及伴随而来的税法细则的频繁调整，都在一定程度上不断改变着企业承担的实际税负。即使改革在一定程度上降低了企业税负，也

会造成其实际税率的波动。

表 3 - 3　　我国企业所得税不确定性和综合税负不确定性的平均水平

年份	企业所得税不确定性			企业综合税负不确定性		
	观察值	均值	标准差	观察值	均值	标准差
2000	427	0.541	0.433	354	0.448	0.406
2001	597	0.559	0.410	528	0.482	0.408
2002	693	0.584	0.399	648	0.497	0.406
2003	774	0.616	0.413	696	0.432	0.370
2004	894	0.616	0.420	788	0.430	0.399
2005	957	0.630	0.454	828	0.427	0.434
2006	1 021	0.605	0.474	832	0.425	0.462
2007	1 084	0.622	0.493	982	0.398	0.430
2008	1 193	0.678	0.513	1 159	0.404	0.414
2009	1 198	0.709	0.523	1 173	0.407	0.396
2010	1 280	0.678	0.514	1 247	0.417	0.385
2011	1 389	0.664	0.539	1 349	0.443	0.410
2012	1 436	0.614	0.523	1 409	0.445	0.424
2013	1 590	0.562	0.519	1 558	0.420	0.409
2014	1 937	0.520	0.483	1 892	0.423	0.429
2015	2 172	0.543	0.501	2 117	0.431	0.427
2016	2 297	0.548	0.483	2 247	0.418	0.416
2017	2 344	0.552	0.485	2 292	0.403	0.393
总计	23 283	0.595	0.492	22 099	0.425	0.414

从整体上看，企业所得税不确定性的平均水平高于企业综合税负不确定性的平均水平。其原因，一方面可能由于企业所得税是直接税，对企业具有更强的调节作用，因此政府更多地使用所得税政策来调节经济；特别是地方政府出台大量的企业所得税优惠政策来对地区经济进行相机调节（龚旻等，2018）。另一方面的原因可能在于征税环节上的差异。企业所得税是直接对

企业利润征税，如果企业利润波动幅度较大，则相应的所得税税负的波动性也会较大。而我国另一大主体税种——增值税主要是对交易环节征税，只要有交易行为发生就会产生纳税事项，因此可能在一定程度上熨平了综合税负的波动。

图3-4更加直观地显示了企业所得税不确定性和综合税负不确定性的时间趋势。从图中可以看出，企业所得税的税收不确定性波动幅度较大，而企业综合税负不确定性曲线则较为平坦，并且所得税不确定性大于综合税负不确定性。金融危机期间企业所得税税负的波动更为明显，并且达到峰值。除了税收因素之外，金融危机期间其他经济因素冲击也会造成企业的盈利状况面临较大的波动性，从而导致企业所得税税负的波动。

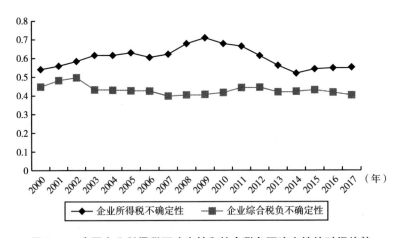

图3-4 我国企业所得税不确定性和综合税负不确定性的时间趋势

（二）我国企业税收不确定性不同分位数水平分析

对企业所得税不确定性和综合税负不确定进行三分位数评估可以进一步明确样本企业税收不确定性的分布特征，更为深入地刻画税收不确定性的内部布局结构，并对税收不确定性衡量的可靠性与平稳性进行验证。表3-4列示了2000~2017年企业所得税不确定性和综合税负不确定性在0.25、0.5、0.75三分位下的税收不确定性水平。总体来看，各年企业所得税不确定性在各个分位数水平上均高于综合税负不确定性，这也与前面对两类税收不确定性总体均值水平状况的分析相吻合。

表 3 - 4　　我国企业所得税不确定性和综合税负不确定性三分位数水平

年份	分位点	所得税 不确定性	综合税负 不确定性	年份	分位点	所得税 不确定性	综合税负 不确定性
2000	0.25	0.217	0.109	2009	0.25	0.285	0.155
	0.5	0.426	0.326		0.5	0.573	0.276
	0.75	0.741	0.737		0.75	1.011	0.506
2001	0.25	0.246	0.178	2010	0.25	0.271	0.170
	0.5	0.465	0.380		0.5	0.556	0.289
	0.75	0.745	0.687		0.75	0.957	0.532
2002	0.25	0.284	0.207	2011	0.25	0.259	0.180
	0.5	0.500	0.401		0.5	0.516	0.309
	0.75	0.790	0.689		0.75	0.908	0.542
2003	0.25	0.310	0.172	2012	0.25	0.206	0.177
	0.5	0.543	0.336		0.5	0.464	0.301
	0.75	0.827	0.596		0.75	0.891	0.549
2004	0.25	0.300	0.159	2013	0.25	0.164	0.165
	0.5	0.543	0.309		0.5	0.370	0.280
	0.75	0.820	0.603		0.75	0.804	0.499
2005	0.25	0.280	0.146	2014	0.25	0.153	0.164
	0.5	0.528	0.290		0.5	0.342	0.272
	0.75	0.894	0.557		0.75	0.744	0.492
2006	0.25	0.217	0.135	2015	0.25	0.162	0.168
	0.5	0.475	0.278		0.5	0.361	0.283
	0.75	0.899	0.532		0.75	0.768	0.523
2007	0.25	0.220	0.125	2016	0.25	0.165	0.160
	0.5	0.485	0.265		0.5	0.378	0.280
	0.75	0.938	0.512		0.75	0.810	0.508
2008	0.25	0.264	0.145	2017	0.25	0.166	0.155
	0.5	0.557	0.260		0.5	0.389	0.274
	0.75	0.964	0.520		0.75	0.818	0.493

图 3-5 和图 3-6 则更为直观地展示了企业所得税不确定性和综合税负不确定性在各年度的三分位数值和变化情况。整体来看，企业所得税不确定性在各个分位数处的起伏要大于综合税负不确定性，且两类税收不确定性在0.75 分位数与其他分位数差距较大，从而拉高了整体的不确定性水平。

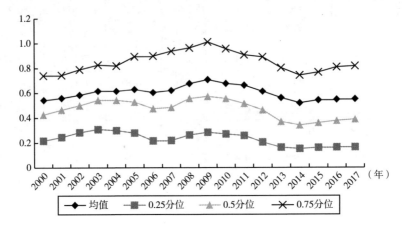

图 3-5 2000~2017 年企业所得税不确定性三分位水平曲线

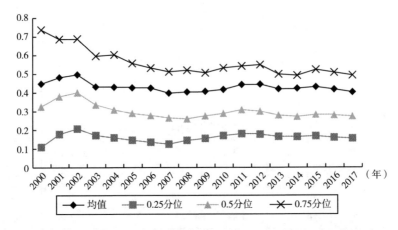

图 3-6 2000~2017 年企业综合税负不确定性三分位水平曲线

进一步分析两类税收不确定性的内部分布结构发现，两类指标的均值都高于中位数的水平，表明不同企业间的税收不确定性水平存在较大差异，且呈现出税收波动较高企业较为严重地偏离均值的情况。同时，两类指标均值和中位数间的差距均呈现为"先缩小后扩大"的变动趋势。其中，所得税不确定性均值和中位数从 2006 年开始出现较大差距，在 2012 年附近明显拉大；

综合税负的波动从 2003 年开始出现较大差距，同样在 2012 年附近明显加大。两类税收不确定性中位数和均值差距的变化也在一定程度上反映出，随着国家在税收领域的一系列改革举措和政策措施的调整，尤其是近年来大力实施的"减税降费"举措可能使企业的税负状况出现较大的不确定性。

在企业所得税不确定性方面，如图 3 - 5 所示，企业所得税不确定性的高分位点（0.75）与低分位点（0.25）之间的差距在 2000 ~ 2004 年之间较为平稳，之后开始逐步拉大，尤其表现为高分位数水平呈现较快的上升趋势。到 2009 年两者之间的差距达到峰值，说明税收不确定性达到最大，与前述分析一致。

在企业综合税负不确定性方面，如图 3 - 6 所示，样本期间企业综合税负不确定性的高分位点（0.75）和低分位点（0.25）之间差距的最大点出现在 2000 年，之后呈逐步收窄的趋势，因此从整体上表现为综合税负不确定性的波动较为平稳的特征。

（三）我国企业税收不确定性的分布差距

表 3 - 5 进一步报告了 2000 ~ 2017 年我国样本企业间税收不确定性的泰尔指数分布差距特征。表 3 - 5 显示，横向对比企业所得税不确定性和综合税负不确定性的泰尔指数来看，企业所得税不确定性的泰尔指数处于 0.2138 ~ 0.3800，综合税负不确定性的泰尔指数处于 0.3147 ~ 0.4789。横向的泰尔指数区间分布表明，在样本区间内企业综合税负不确定性水平方面各企业间存在较大差距，而企业所得税不确定性的内部差异较小。

表 3 - 5　　　　　　　　　我国企业税收不确定性的泰尔指数

项目	2000 年	2001 年	2002 年	2003 年	2004 年	2005 年	2006 年	2007 年	2008 年
所得税不确定性	0.2908	0.2535	0.2265	0.2138	0.2208	0.2453	0.2935	0.2987	0.2672
综合税负不确定性	0.4206	0.3489	0.3147	0.3327	0.3759	0.4318	0.4789	0.4741	0.4071

项目	2009 年	2010 年	2011 年	2012 年	2013 年	2014 年	2015 年	2016 年	2017 年
所得税不确定性	0.2560	0.2632	0.2937	0.3311	0.3777	0.3800	0.3781	0.3570	0.3553
综合税负不确定性	0.3638	0.3313	0.3311	0.3493	0.3570	0.3797	0.3690	0.3717	0.3651

造成此种布局的原因可能在于，一方面，企业综合税负涵盖了各个不同税种差异性的税制要素内容，加之不同企业的经营范围和经营方式的差异，使得企业综合税负水平形成较大差距。另一方面，企业在所适用的行业性税收优惠、

区域性税收优惠等方面也存在较大差异，从而造成不同企业间的综合税负水平差异较大，相应地，不同企业间的综合税负不确定性水平差异也较大。

纵向对比两类指标各年的变化趋势可以发现，企业所得税不确定性的泰尔指数波动较大，在 2005 年之前呈下降趋势，经历 2006~2007 年的短暂上升之后开始下滑，从 2011 年之后整体呈上升趋势，可能与近年来所得税税收政策调整的频率加快有关，如频繁出台促进企业科技创新的税收优惠政策、调整促进企业固定资产投资的加速折旧政策等。综合税负不确定性的泰尔指数在 2005~2008 年较高，之后呈下降趋势，反映出企业综合税负不确定性的差距逐渐缩小。

三、我国税收不确定性分企业产权性质现状分析

已有研究表明，企业的产权性质在一定程度上决定了企业承担的政策性负担以及行为取向，在不同股权性质企业间存在差异化的税负分布格局。不同所有权性质企业，其经营目标、行为动机以及企业税负对行为选择的传导机制上均可能存在一定差异。因此，本部分区分产权性质，考察国有企业和民营企业在税收不确定性水平上是否也存在显著差异，以期较为全面地刻画2000~2017 年我国上市公司不同产权性质企业的税收不确定性分布状况。

（一）我国企业所得税不确定性分企业产权性质分布

如表 3-6 和图 3-7 所示，样本期间内，民营企业的所得税不确定性在0.511~0.757 浮动；国有企业的所得税不确定性在 0.531~0.684 浮动。2009 年之前，民营企业的所得税不确定性略高于国有企业，随后两者差距开始收窄，到 2013 年差距达到最小，国有企业为 0.554，民营企业为 0.571。之后民营企业所得税不确定性略低于国有企业，两者朝相同的方向发展且未产生较大差距。

表 3-6　　　　　区分企业产权性质的企业所得税不确定性水平

年份	国有企业		民营企业	
	观察值	均值	观察值	均值
2003	589	0.597	185	0.676
2004	655	0.599	239	0.662
2005	697	0.603	260	0.701

续表

年份	国有企业		民营企业	
	观察值	均值	观察值	均值
2006	709	0.572	312	0.680
2007	735	0.586	349	0.699
2008	795	0.652	398	0.730
2009	785	0.684	413	0.757
2010	819	0.657	461	0.716
2011	838	0.636	551	0.705
2012	838	0.599	598	0.635
2013	857	0.554	733	0.571
2014	887	0.531	1 050	0.511
2015	893	0.567	1 279	0.527
2016	906	0.560	1 391	0.541
2017	905	0.557	1 439	0.548
总计	11 908	0.596	9 658	0.600

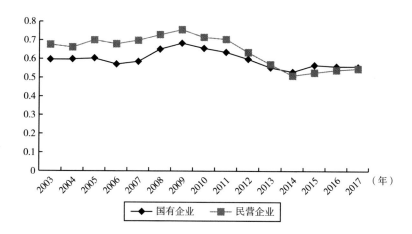

图 3-7 区分产权性质的企业所得税不确定性水平

从所得税不确定性的变动趋势来看，样本期间，国有企业和民营企业的所得税不确定性整体呈现相似的变动趋势。两者都从 2006 年左右出现明显的上升趋势，到 2009 年达到高峰之后开始逐年下降，且民营企业所得税不确定性的下降幅度稍大于国有企业，因此两者之间差距逐步收窄。到 2013 年之后，两者都开始小幅上升，但没有拉开明显差距。

（二）我国企业综合税负不确定性分企业产权性质分布

如表 3 - 7 和图 3 - 8 所示，整个样本期间，民营企业的综合税负不确定性均高于国有企业。民营企业的综合税负不确定性在 0.426 ~ 0.482 小幅波动，国有企业的综合税负不确定性在 0.366 ~ 0.419 小幅波动。2005 年开始两者差距收窄，在 2006 年达到最小，分别为 0.419 和 0.440，之后差距开始拉大。到 2008 年达到顶峰，随后又开始慢慢收窄。从整体来看，国有企业和民营企业之间的综合税负不确定差距不大。

表 3 - 7 　　　　　　区分企业产权性质的企业综合税负不确定性水平

年份	国有企业		民营企业	
	观察值	均值	观察值	均值
2003	532	0.419	164	0.476
2004	583	0.414	205	0.474
2005	605	0.410	223	0.475
2006	584	0.419	248	0.440
2007	667	0.370	315	0.458
2008	762	0.370	397	0.468
2009	761	0.380	412	0.458
2010	789	0.393	458	0.458
2011	808	0.416	541	0.482
2012	821	0.419	588	0.482
2013	842	0.402	716	0.440
2014	873	0.393	1 019	0.448
2015	872	0.389	1 245	0.460
2016	887	0.373	1 360	0.448
2017	887	0.366	1 405	0.426
总计	11 273	0.394	9 296	0.453

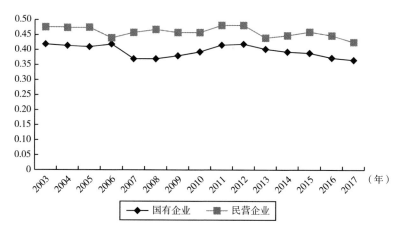

图 3 – 8　区分产权性质的企业综合税负不确定性

从综合税负不确定性的变动趋势来看，样本期间，民营企业比国有企业波动幅度稍大，但两者整体上都较为平稳，没有出现非常明显的波动。2005年之前两者呈平行的变动趋势，2005 年之后两者朝趋同方向发展，到 2006年差距达到最低。2009 年之后两者均略有微幅上升，一直到 2012 年之后整体呈下降趋势。

四、企业税收不确定性分企业规模、经济地区和行业现状分析

（一）企业税收不确定性分企业规模现状分析

企业规模分布刻画了不同企业的成长状态和动态演进过程。不同规模的企业不仅在经营状况和盈利能力方面具有差异性，其对税收风险的识别和应对难度也存在差别。

如表 3 – 8 和图 3 – 9 所示，在整个样本期间，企业所得税不确定性从高到低依次为小规模企业、中规模企业、大规模企业。且小规模企业的不确定性程度明显高于中规模和大规模企业，同两者之间拉开较大差距。在 2009～2011 年金融危机期间，小规模企业和其他两类企业间的差距最大，之后差距有所收窄，到 2014 年达到相对低点之后又有小幅拉升。不同规模企业税收不确定性状况的差异除了与其自身的利润水平有关，也与其应对税收风险的能力相关。相对大企业而言，中小企业缺少充足的资源和实力对复杂的税收条

款进行研究或求助于专业的咨询机构；且中小企业往往没有系统规范的制度管理体系，更疏于对税收风险的管理和防范，其纳税遵从度较小，在经营困难、竞争激烈时更容易受经济利益驱使出现规避监管的现象。因此，中小企业的税收不确定性相比大企业更高。

表 3 - 8　　　　　　　区分企业规模的企业所得税不确定性水平

年份	大规模企业		中规模企业		小规模企业	
	观察值	均值	观察值	均值	观察值	均值
2000	42	0.496	121	0.498	264	0.568
2001	71	0.443	198	0.521	328	0.606
2002	92	0.457	259	0.537	342	0.654
2003	135	0.491	310	0.565	329	0.715
2004	179	0.496	346	0.547	369	0.737
2005	217	0.475	366	0.545	374	0.803
2006	249	0.415	382	0.510	390	0.819
2007	317	0.407	406	0.557	361	0.884
2008	373	0.481	427	0.616	393	0.932
2009	427	0.523	411	0.657	360	0.989
2010	527	0.515	418	0.637	334	0.984
2011	619	0.524	444	0.624	326	0.983
2012	688	0.495	455	0.607	293	0.905
2013	774	0.456	521	0.564	295	0.835
2014	947	0.436	659	0.526	331	0.751
2015	1 141	0.470	735	0.554	296	0.799
2016	1 345	0.485	709	0.572	243	0.830
2017	1 480	0.479	666	0.611	198	0.899
总计	9 623	0.477	7 833	0.575	5 826	0.818

进一步，从企业所得税不确定性的变动趋势来看，小规模企业的所得税不确定性从 2000 年最低点 0.586 开始一直呈上升趋势，到 2009 年达到峰值 0.989。从 2011 年开始迅速下滑到 2014 年的 0.751，之后又步入明显的上升态势。中规模和大规模企业的变动趋势相似，2006 年之前较为平稳，之后开

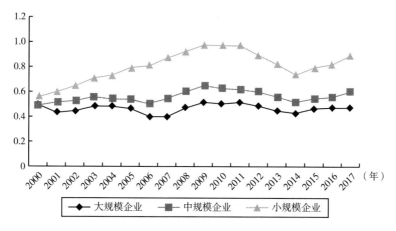

图 3－9　分企业规模的企业所得税不确定性水平

始上升，在 2009 年达到最高点之后缓慢下降，自 2014 年之后又开始上升。整体来看，小规模企业所得税不确定性波动幅度较大，中规模企业和大规模企业所得税不确定性的变动幅度不大，相对来说较为平稳。

企业综合税负不确定性方面，如表 3－9 和图 3－10 所示，同所得税不确定性相比，小规模企业的综合税负不确定性虽然高于中规模企业和大规模企业，但三者之间差距较小。尤其在 2006 年之前，小规模企业和中规模企业综合税负不确定性非常接近，2006 年之后，小规模企业和大中规模企业开始有较为明显的差距。而中规模企业和大规模的企业综合税负不确定性在 2009 年之后也非常接近。

表 3－9　　　　　　　　　区分企业规模的综合税负不确定性水平

年份	大规模企业		中规模企业		小规模企业	
	观察值	均值	观察值	均值	观察值	均值
2000	37	0.349	101	0.491	216	0.446
2001	64	0.417	176	0.490	288	0.492
2002	87	0.429	238	0.497	323	0.515
2003	127	0.372	267	0.430	302	0.460
2004	160	0.383	298	0.423	330	0.459
2005	189	0.365	316	0.441	323	0.450
2006	205	0.361	314	0.451	313	0.440
2007	285	0.349	356	0.391	340	0.445

续表

年份	大规模企业		中规模企业		小规模企业	
	观察值	均值	观察值	均值	观察值	均值
2008	354	0.321	405	0.408	400	0.473
2009	412	0.364	396	0.374	364	0.492
2010	507	0.384	402	0.386	337	0.503
2011	596	0.413	425	0.431	328	0.511
2012	673	0.397	438	0.451	298	0.545
2013	759	0.375	503	0.429	296	0.517
2014	925	0.384	638	0.422	329	0.534
2015	1 120	0.397	707	0.448	290	0.516
2016	1 322	0.391	687	0.446	238	0.491
2017	1 448	0.381	654	0.421	190	0.503
总计	9 270	0.383	7 321	0.430	5 505	0.488

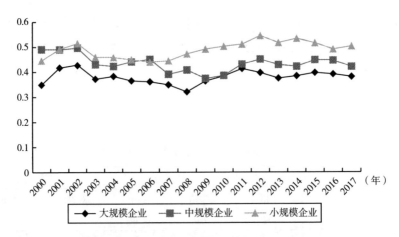

图 3 - 10　分企业规模的综合税负不确定性水平

　　从三类企业综合税负不确定性的变动趋势来看，中规模企业和大规模企业呈现相似的变动趋势，2009 年之前总体呈下降趋势，2009 年之后小幅波动上升。两者在窄区间范围内均呈现小幅波动态势。而小规模企业的综合税负不确定性波动幅度不大，除了在 2002 年有小幅波动之外，其余期间均在窄区间范围内呈平缓的上升趋势。

（二）我国企业税收不确定性分经济地区现状分析

对企业所处区域的划分，主要包括地缘环境特征和经济环境维度两个方面。本部分主要从经济环境维度对税收不确定性分区域进行现状分析，借此探寻税收不确定性在不同经济区域间是否存在差异。以企业注册地作为划分企业所处区域的衡量依据，按照东部、中部、西部的分类方法，将企业划分为三个子样本，测度企业在 2000~2017 年不同经济区域的税收不确定性的分布特征。

企业所得税不确定性方面，三个区域呈现较大差异。如表 3 - 10 和图 3 - 11 所示，2003 年之前东部地区企业的所得税不确定性略高，但三个区域的所得税不确定性水平存在相互交织的情形，没有拉开明显差距。2004 年之后，西部地区的所得税不确定性在各年度均呈现高于中部和东部地区企业的特征，且三者之间差距较为明显。与东部、中部地区相比，西部地区得益于西部大开发战略，享受更多的税收优惠政策。而大量税收优惠政策其受惠对象、优惠内容和期限都面临比较大的不确定性。从税收不确定性的相对值来看，西部地区企业所得税不确定性在 0.468~0.814 浮动，从 2000 年开始一直呈上升态势，在 2009 年达到最高点，之后逐步下降，在 2014 年之后又有微幅回升。中部地区所得税不确定性在 0.51~0.738 浮动，东部地区企业的所得税不确定性在 0.486~0.666 浮动，2004 年之后东部和中部企业与西部企业变动趋势相似。在变动趋势上，三者都在 2009 年达到最高点，之后有所下降，到 2014 年之后逐步上升。所得税不确定性在不同经济区域之间的差异性，反映了在地方政府的税收政策制订方面，中部、西部地区的约束更加松弛，而东部地区的税收政策管理水平则相对更趋完善。

表 3 - 10　　　　　　　区分经济地区的企业所得税不确定性水平

年份	东部地区企业		中部地区企业		西部地区企业	
	观察值	均值	观察值	均值	观察值	均值
2000	281	0.567	72	0.510	72	0.468
2001	375	0.581	108	0.529	113	0.504
2002	421	0.597	137	0.556	134	0.567
2003	467	0.612	156	0.598	149	0.648

续表

年份	东部地区企业		中部地区企业		西部地区企业	
	观察值	均值	观察值	均值	观察值	均值
2004	535	0.606	180	0.626	176	0.637
2005	576	0.604	187	0.644	191	0.691
2006	613	0.568	203	0.620	202	0.697
2007	651	0.582	218	0.628	211	0.736
2008	714	0.638	243	0.699	232	0.778
2009	719	0.666	244	0.738	231	0.814
2010	781	0.631	255	0.706	240	0.798
2011	864	0.623	270	0.700	251	0.759
2012	900	0.576	275	0.641	257	0.707
2013	1 017	0.526	298	0.596	272	0.649
2014	1 287	0.486	345	0.553	302	0.621
2015	1 465	0.507	382	0.569	320	0.664
2016	1 568	0.515	395	0.583	330	0.655
2017	1 606	0.524	399	0.576	337	0.653
总计	14 840	0.563	4 367	0.618	4 020	0.684

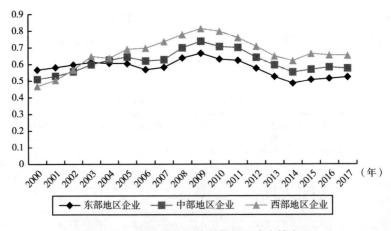

图 3-11　分经济地区的所得税不确定性水平

企业综合税负不确定性方面，如表 3 – 11 和图 3 – 12 所示，除 2004 年之前西部地区企业税收不确定性小幅高于东部地区和中部地区企业之外，2004 年之后东部企业的综合税负不确定性均高于西部和中部企业；西部地区企业 2006 年之前明显高于中部企业，之后两者曲线基本呈重叠态势。从相对值上来看，西部企业综合税负不确定性在 0.351 ~ 0.552 之间波动，中部企业和东部企业综合税负不确定性分别在 0.335 ~ 0.426、0.419 ~ 0.5 之间浮动。相对而言，中部、西部地区企业税收不确定性的变动幅度大于东部企业。

表 3 – 11　　　　　　区分经济地区的综合税负不确定性水平

年份	东部地区企业		中部地区企业		西部地区企业	
	观察值	均值	观察值	均值	观察值	均值
2000	230	0.464	58	0.391	65	0.442
2001	332	0.496	93	0.413	102	0.499
2002	393	0.500	126	0.430	128	0.552
2003	414	0.439	139	0.379	141	0.467
2004	468	0.442	157	0.381	161	0.440
2005	493	0.455	158	0.361	175	0.410
2006	498	0.466	158	0.368	174	0.359
2007	585	0.419	200	0.364	194	0.370
2008	678	0.442	244	0.335	233	0.364
2009	691	0.444	246	0.358	232	0.351
2010	746	0.443	257	0.378	240	0.379
2011	823	0.461	271	0.406	251	0.422
2012	871	0.457	277	0.426	257	0.425
2013	980	0.426	301	0.412	273	0.404
2014	1 234	0.437	348	0.389	306	0.404
2015	1 412	0.454	380	0.371	320	0.399
2016	1 522	0.441	392	0.356	329	0.387
2017	1 559	0.422	395	0.354	335	0.364
总计	13 929	0.445	4 200	0.379	3 916	0.403

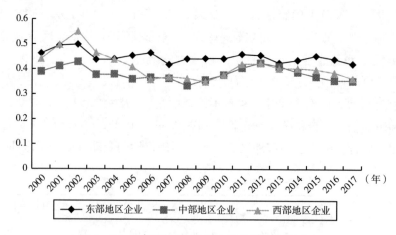

图 3-12　分经济地区的综合税负不确定性水平

（三）我国税收不确定性分行业现状分析

在对我国企业税负水平总体现状进行整体把握的基础上，本部分将进一步依照中国证监会发布的《上市公司行业分类指引》（2012 年版）作为分类标准，将样本企业划分为 17 个细分行业，并相应地进行各行业的税收不确定性水平剖析。表 3-12、表 3-13 显示了各行业企业所得税不确定性和综合税负不确定性现状。

表 3-12　　　　　　　　区分行业的企业所得税不确定性水平

行业	观察值	均值	标准差
A. 农、林、牧、渔业	323	1.099	0.504
B. 采矿业	688	0.618	0.497
C. 制造业	12 962	0.599	0.492
D. 电力、热力、燃气及水生产和供应业	1 280	0.608	0.484
E. 建筑业	580	0.521	0.463
F. 批发和零售业	1 868	0.523	0.447
G. 交通运输、仓储和邮政业	942	0.427	0.432
H. 住宿和餐饮业	116	0.512	0.541
I. 信息传输、软件和信息技术服务业	1 125	0.679	0.486
K. 房地产业	1 824	0.553	0.485

续表

行业	观察值	均值	标准差
L. 租赁和商务服务业	357	0.606	0.501
M. 科学研究和技术服务业	125	0.748	0.535
N. 水利、环境和公共设施管理业	278	0.586	0.548
P. 教育业	36	0.767	0.461
Q. 卫生和社会工作行业	73	0.404	0.401
R. 文化、体育和娱乐业	353	0.743	0.498
S. 综合类企业	339	0.642	0.470
总计	23 269	0.595	0.492

注：参照中国证监会发布的《上市公司行业分类指引》（2012 年版）对行业进行分类。

表 3 – 13　　　　　区分行业的综合税负不确定性水平

行业	观察值	均值	标准差
A. 农、林、牧、渔业	301	0.701	0.504
B. 采矿业	672	0.411	0.339
C. 制造业	12 458	0.434	0.430
D. 电力、热力、燃气及水生产和供应业	1 187	0.299	0.234
E. 建筑业	558	0.368	0.412
F. 批发和零售业	1 615	0.432	0.477
G. 交通运输、仓储和邮政业	845	0.307	0.278
H. 住宿和餐饮业	120	0.172	0.165
I. 信息传输、软件和信息技术服务业	1 113	0.384	0.344
K. 房地产业	1 703	0.439	0.343
L. 租赁和商务服务业	351	0.581	0.543
M. 科学研究和技术服务业	132	0.473	0.362
N. 水利、环境和公共设施管理业	254	0.396	0.390
P. 教育业	33	0.475	0.323
Q. 卫生和社会工作行业	68	0.620	0.519
R. 文化、体育和娱乐业	350	0.543	0.464
S. 综合类企业	325	0.513	0.394
总计	22 085	0.425	0.414

注：参照中国证监会发布的《上市公司行业分类指引》（2012 年版）对行业进行分类。

在企业所得税不确定性方面，如表3-12所示。从表中可以看出，农林牧渔业（行业代码为 A）、教育业（行业代码为 P）、科学研究和技术服务业（行业代码为 M）、文化、体育和娱乐业（行业代码为 R）的所得税不确定性较高，其中农、林、牧、渔业最高，均值为1.099；而卫生和社会工作行业（行业代码为 Q）、交通运输、仓储和邮政业（行业代码为 G）的所得税不确定性相对较低，最低的行业为卫生和社会工作行业，均值为0.404。

表3-13 为企业综合税负不确定性分行业均值和标准差的描述性统计。从表中可以看出，农、林、牧、渔业（行业代码为 A）、卫生和社会工作行业（行业代码为 Q）、租赁和商务服务业（行业代码为 L）的综合税负不确定性较高，其中，综合税负不确定性最高的行业为农、林、牧、渔业，均值为0.701；住宿和餐饮业（行业代码为 H）、电力、热力、燃气及水生产和供应业（行业代码为 D）的综合税负不确定性较低，最低的行业为住宿和餐饮业，均值为0.172。

图3-13 更加直观地显示了不同行业所得税不确定性和综合税负不确定性水平，除了卫生和社会工作行业的所得税不确定性低于综合税负不确定性以外，其他行业的所得税不确定性均高于综合税负的不确定性。总体来说，

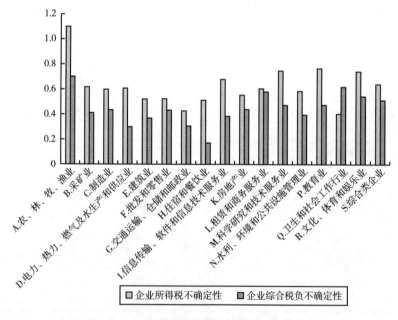

图3-13 我国不同行业企业税收不确定性

农林牧渔业、高科技行业、教育业、文化体育娱乐、建筑业等行业的企业所得税和综合税负的不确定性都较高，很大程度上与我国税收优惠的行业分布有关。我国税收优惠政策主要涵盖了农林牧渔业、高新技术产业、科教文卫体业、能源交通运输业、金融行业、建筑及相关产业、公共事业等。不同行业，甚至同一行业内部，不同受惠群体，其享受的税收优惠具有很大差异性。虽然税收优惠在一定程度上发挥了优化产业结构、引导科技进步、调节收入分配等效应，但过多、过滥的不规范税收优惠也不可避免地使税法变得更为复杂并增加了执法成本，导致了这些行业税收不确定性的提高。

第三节　我国企业债务融资现状分析

根据已有文献（Covas & Haan，2011），本部分以有息债务融资水平代表企业的债务融资水平，具体来说，企业债务融资水平等于（短期借款 + 长期借款 + 应付债券）的变动额除以滞后一期总资产。数据样本为沪深 A 股上市公司，样本期为 2000 ~ 2017 年。由于计算时要用到滞后一年数据，所以最终企业债务融资水平的呈现样本期为 2001 ~ 2017 年。数据来自国泰安 CSMAR 数据库，剔除金融行业公司，剔除 ST、PT 样本；为了避免极端值的影响，对债务融资水平进行了上下 1% 的 Winsorize 处理。

一、我国企业债务融资行为的总体特征

（一）我国企业债务融资的平均水平

从表 3 - 14 和图 3 - 14 可以看出，2001 ~ 2017 年我国企业债务融资水平的波动幅度较大，并分别在 2005 ~ 2006 年、2014 年出现两次谷底，在 2003 年和 2016 年出现两次谷峰。具体来看，可以大致分为三个时间段：2002 年，证监会对上市公司配股实行了进一步限制，由于发行新股的条件更加苛刻，使很多上市公司转向采用债务融资的方式。但在 2003 年出现一次短暂高峰之后，至 2007 年期间整体呈下降趋势；2007 ~ 2011 年波动上升达到峰值，受2008 年国际金融危机期间经济刺激计划的影响，债务融资水平波动幅度明显加大。2011 年之后，实体经济效益持续下滑，企业债务融资水平增长率也明

显下降；2014 年之后迅速攀升到 2016 年达到新的峰值。2015 年，中央经济工作会议明确提出"去杠杆"要求，但微观企业杠杆率不降反升。纵观整体情况，企业债务融资水平均值为 0.037，标准差为 0.125，不仅在各年度差异性较大，而且不同公司之间的债务融资水平也具有较大差异。

表 3 - 14　　　　　2001 ~ 2017 年我国企业债务融资平均水平

年份	观察值	均值	标准差
2001	921	0.048	0.124
2002	996	0.035	0.120
2003	1 063	0.057	0.140
2004	1 126	0.045	0.128
2005	1 218	0.018	0.113
2006	1 229	0.019	0.125
2007	1 231	0.038	0.140
2008	1 312	0.034	0.135
2009	1 365	0.040	0.143
2010	1 525	0.037	0.131
2011	1 859	0.043	0.129
2012	2 102	0.036	0.111
2013	2 308	0.035	0.109
2014	2 357	0.025	0.110
2015	2 469	0.036	0.130
2016	716	0.058	0.145
2017	381	0.052	0.100
总计	24 178	0.037	0.125

（二）我国企业债务融资的分位数水平分析

本部分仍采用分位数的分析方法，对样本上市公司债务融资水平的分布结构进行深入剖析，更为细致地勾勒企业债务融资行为的异质性分布特征。表 3 - 15 列示了 2001 ~ 2017 年度企业在 0.25 分位、0.5 分位及 0.75 分位三个分位点下的债务融资水平情况。

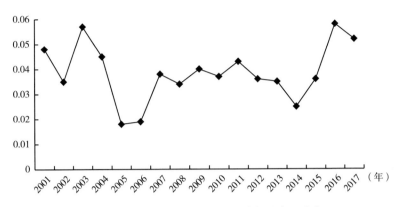

图 3 - 14　2001～2017 年我国企业债务融资平均水平

表 3 - 15　　　　　　2001～2017 年我国企业债务融资的三分位数水平

年份	0.25 分位	0.50 分位	0.75 分位
2001	- 0.016	0.026	0.102
2002	- 0.029	0.011	0.087
2003	- 0.015	0.027	0.108
2004	- 0.021	0.019	0.096
2005	- 0.040	0	0.059
2006	- 0.038	0	0.063
2007	- 0.032	0.012	0.087
2008	- 0.027	0.007	0.076
2009	- 0.028	0.005	0.081
2010	- 0.024	0.002	0.076
2011	- 0.009	0.009	0.076
2012	- 0.009	0.003	0.069
2013	- 0.009	0.006	0.072
2014	- 0.019	0	0.060
2015	- 0.019	0.004	0.066
2016	- 0.020	0.015	0.098
2017	- 0.011	0.042	0.105

通过横向比较各分位点的情况可以发现，0.5 分位点和 0.75 分位点整体上分布特征相近。具体来说，0.75 分位点在 2003 年达到最高点 0.108，然后呈明显下滑态势，到 2005 年跌至最低点 0.059，短暂上升之后缓慢下降至 2014 年的低点 0.060，然后回升至 2017 年达到新的高峰。0.5 分位点在 2005 年和 2006 年达到最低点 0，在 2007 年有短暂回升，之后小幅向下波动至 2014 年回到 0 值，2014 年之后又迅速上升。

图 3-15 则更为直观地展示了 2001～2017 年不同分位点的企业债务融资水平分布特征。总体来看，三个分位点在 2005 年之前都是先上升后下降且起伏较大，2005～2014 年经历了较为平缓的先上升至 2011 年然后下降的态势，2014 年之后迅速上升。具体分析企业债务融资的内部结构发现，在各年度呈现出均值显著高于中位值的特征。

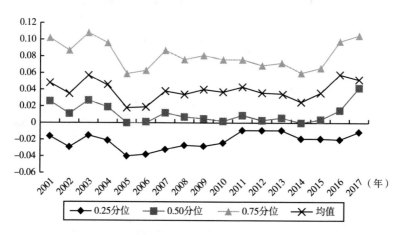

图 3-15　2001～2017 年我国企业债务融资的分位数水平

（三）我国企业债务融资水平的泰尔指数分析

表 3-16 进一步报告了 2001～2017 年度企业债务融资水平的泰尔指数。从表 3-16 可以看出，企业债务融资水平的泰尔指数在 0.3354～0.5771，由 2001 年的 0.4186 到 2016 年的 0.5340，除了 2017 年出现明显下滑之外，整体呈现出波动上升的态势。反映出样本期间我国企业债务融资水平呈现出差距逐步扩大的变动趋势，与分位数水平以及核密度图分布大致吻合。不同企业间债务融资水平的分布差距可能与其所受到的融资约束状况有密切关联。

表 3 – 16　　　　　　2001～2017 年企业债务融资水平的泰尔指数

年份	LEV	年份	LEV
2001	0.4186	2010	0.4924
2002	0.4200	2011	0.5146
2003	0.4413	2012	0.5006
2004	0.4395	2013	0.4900
2005	0.4898	2014	0.5261
2006	0.5001	2015	0.5771
2007	0.4775	2016	0.5340
2008	0.5158	2017	0.3354
2009	0.5192		

二、我国企业债务融资分企业产权性质现状分析

如表 3 – 17 和图 3 – 16 所示，通过区分企业产权性质发现，在 2001 年两者都从最高点出现明显下降趋势，2005～2014 年先上升后下降，之后又明显回升，与整体变动趋势吻合。国有企业在 2005 年和 2014 年经历了两个最低点 0.018，并且在 2007～2009 年平稳上升。而民营企业在 2007～2009 年有一波明显的波动，从 2007 年的 0.032 跌至 2008 年的 0.016，2009 年又回升至 0.031，反映出金融危机期间民营企业受到更大的影响。

表 3 – 17　　　　　区分企业产权性质的企业债务融资水平

年份	国有企业		民营企业	
	观察值	均值	观察值	均值
2003	809	0.052	253	0.073
2004	817	0.047	309	0.041
2005	850	0.018	368	0.016
2006	821	0.022	408	0.014
2007	787	0.042	444	0.032
2008	807	0.046	505	0.016
2009	815	0.046	550	0.031
2010	844	0.038	681	0.036

续表

年份	国有企业		民营企业	
	观察值	均值	观察值	均值
2011	870	0.043	989	0.043
2012	889	0.035	1 213	0.037
2013	935	0.030	1 373	0.038
2014	925	0.018	1 432	0.030
2015	929	0.021	1 540	0.044
2016	326	0.035	390	0.077
2017	205	0.035	176	0.073
总计	11 629	0.035	10 631	0.038

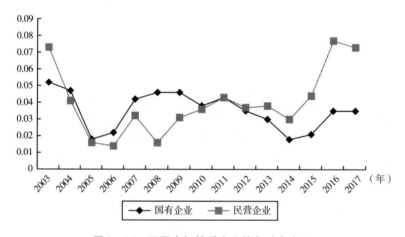

图 3-16 不同产权性质企业债务融资水平

从国有企业和民营企业债务融资水平的差异来看，由于国有企业在融资方面的特有优势，2004~2010 年国有企业的债务融资水平明显高于民营企业，并且在 2007~2008 年呈现差距扩大趋势。2008 年之后两者差距开始收窄，表现为民营企业债务融资迅速上升，而国有企业债务融资出现稳步下滑。2010~2012 年两者差距逐渐弥合，呈现几近重叠特征。2012 年之后，两者关系出现反转，民营企业债务融资水平开始高于国有企业，且在 2014 年后上升速度显著快于国有企业。但民营企业杠杆率的显著增加可能并非伴随经济复苏的主动加杠杆行为，而是由于民营企业资产缩水严重，资产与负债的同时收缩导致的被动加杠杆行为。

三、我国企业债务融资分企业规模、经济地区和行业现状分析

(一) 不同规模企业的债务融资现状

如表3－18和图3－17所示，从三类企业的变动趋势看，中规模企业和小规模企业呈现出相似的变动趋势，分别从2001年的高点0.066和0.038开始出现明显下滑，但是中规模企业在2002年和2003年间有一波明显波动。随后几年间两者表现均比较平稳，分别在2016年0.033和2015年的0.001出现迅速上升。大规模企业的债务融资水平在2005年之后呈现出与两者迥异的分布特征。与中规模企业类似，大规模企业在2005年之前也经历了一波高峰，从0.040迅速上升到0.088；2005～2008年大规模企业的债务融资水平迅速增加，一直到2008年最高点0.096，之后逐步下滑至2014年最低点的0.034。而中规模和小规模企业债务融资水平在此期间则比较平稳，只有小幅波动。

表 3－18　　　　　　　　区分企业规模的企业债务融资水平

年份	大规模企业		中规模企业		小规模企业	
	观察值	均值	观察值	均值	观察值	均值
2001	100	0.044	304	0.066	517	0.038
2002	125	0.040	357	0.047	514	0.026
2003	172	0.088	407	0.076	484	0.030
2004	210	0.080	415	0.057	501	0.021
2005	240	0.034	431	0.032	547	－ 0.001
2006	270	0.069	429	0.024	530	－ 0.011
2007	309	0.095	436	0.038	485	0.003
2008	350	0.094	452	0.030	510	－ 0.003
2009	414	0.090	467	0.034	483	0.003
2010	523	0.078	509	0.030	492	0.001
2011	647	0.081	636	0.035	576	0.008
2012	755	0.062	732	0.035	615	0.006

续表

年份	大规模企业		中规模企业		小规模企业	
	观察值	均值	观察值	均值	观察值	均值
2013	884	0.051	817	0.037	607	0.010
2014	1 021	0.034	827	0.025	509	0.005
2015	1 201	0.047	858	0.036	410	0
2016	545	0.068	119	0.020	52	0.035
2017	371	0.051	9	0.093	1	0.169
总计	8 137	0.062	8 205	0.038	7 833	0.009

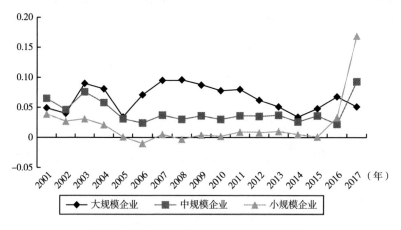

图 3-17   不同规模企业的债务融资水平

从三类企业的债务融资水平差异来看，除了2001年和2017年之外，大规模企业债务融资水平基本上都高于中规模和小规模企业。在2005年之后，大规模企业和中小规模企业债务融资水平差距迅速拉大，2009年之后由于大规模企业的债务融资水平开始下滑而中小规模企业则相对较为平稳，因此三者之间的差距逐步缩小。2014年之后在三者均呈上升态势下出现相互交织的分布特征。

（二）不同经济地区企业的债务融资现状

表3-19和图3-18报告了分不同经济地区企业的债务融资水平分布特征。样本期间内，三类不同经济区域企业的债务融资水平呈现一定程度的相

互交织特征。三者的波动趋势均比较明显，东部地区企业债务融资水平在0.02~0.57波动，波峰分别出现在2003年的0.053、2007年的0.043，以及2016年的0.057；中部地区企业债务融资水平在0.011~0.07波动，波峰分别出现在2003年的0.07、2011年的0.043，以及2016年的0.061；西部地区企业债务融资水平在0.011~0.058波动，波峰分别出现在2003年、2008年以及2016年。

表3-19 区分经济地区的企业债务融资水平

年份	东部地区企业		中部地区企业		西部地区企业	
	观察值	均值	观察值	均值	观察值	均值
2001	550	0.047	186	0.045	182	0.050
2002	595	0.028	198	0.037	200	0.054
2003	635	0.053	217	0.070	208	0.058
2004	672	0.043	231	0.051	219	0.043
2005	727	0.020	251	0.011	236	0.018
2006	735	0.020	252	0.024	238	0.011
2007	744	0.043	253	0.034	230	0.027
2008	806	0.031	264	0.029	238	0.051
2009	844	0.040	273	0.034	244	0.043
2010	962	0.037	293	0.033	266	0.040
2011	1 222	0.041	336	0.043	298	0.051
2012	1 407	0.033	375	0.043	316	0.046
2013	1 571	0.035	398	0.036	334	0.034
2014	1 610	0.027	402	0.016	339	0.027
2015	1 701	0.036	410	0.035	352	0.037
2016	491	0.057	116	0.061	109	0.057
2017	264	0.052	61	0.055	56	0.051
总计	15 536	0.036	4 516	0.036	4 065	0.040

从三类经济地区企业债务融资水平的差异来看，整体水平上西部地区企业略高于中部和东部地区。2008年之前三区域债务融资水平"此增彼降"，

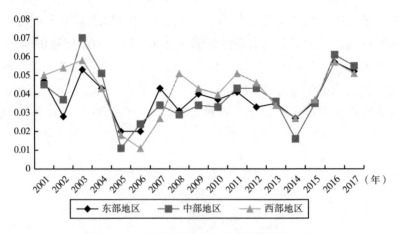

图 3 - 18　不同经济地区企业的债务融资水平

2008～2012 年西部地区企业债务融资水平高于中东部地区，此后差距慢慢收窄，尤其是 2014 年之后，三者之间差距呈持续收敛态势。三个经济区域债务融资水平差异的变化也在一定程度上反映出不同区域间金融市场发展更加趋向均衡的态势。

（三）不同行业企业的债务融资现状

表 3 - 20 和图 3 - 19 显示了不同行业企业债务融资水平的分布特征。由表 3 - 20 和图 3 - 19 可以看出，其中，电力、热力、燃气及水生产和供应业（行业代码为 D）、建筑业（行业代码为 E）、房地产业（行业代码为 K）、卫生和社会工作行业（行业代码为 Q）的债务融资水平均值较大，依次为 0.057、0.053、0.063、0.063，以房地产和卫生社会工作行业最高；而科学研究和技术服务业（行业代码为 M）的债务融资水平均值最小，为 0.012。此外，信息传输和软件服务业、住宿餐饮业的债务融资水平也较低。总体来看，各行业债务融资水平的均值为 0.037，标准差为 0.125，说明不同行业企业的债务融资水平差异性较大。

表 3 - 20　　　　　　　　　区分行业的企业债务融资水平

行业	观察值	均值	标准差
A. 农、林、牧、渔业	351	0.035	0.117
B. 采矿业	748	0.037	0.128

行业	观察值	均值	标准差
C. 制造业	13 696	0.033	0.115
D. 电力、热力、燃气及水生产和供应业	1 249	0.057	0.158
E. 建筑业	650	0.053	0.133
F. 批发和零售业	1 775	0.030	0.122
G. 交通运输、仓储和邮政业	949	0.039	0.134
H. 住宿和餐饮业	116	0.023	0.122
I. 信息传输、软件和信息技术服务业	1 249	0.021	0.105
K. 房地产业	1 786	0.063	0.162
L. 租赁和商务服务业	363	0.045	0.155
M. 科学研究和技术服务业	148	0.012	0.118
N. 水利、环境和公共设施管理业	293	0.032	0.132
P. 教育业	30	0.030	0.156
Q. 卫生和社会工作行业	77	0.063	0.153
R. 文化、体育和娱乐业	383	0.022	0.136
S. 综合类企业	301	0.024	0.118
总计	24 164	0.037	0.125

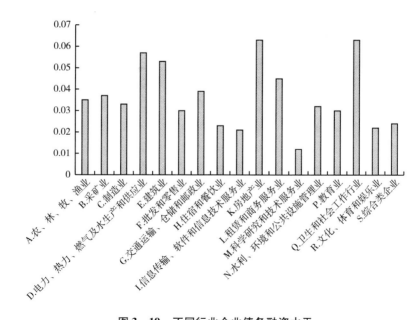

图 3-19 不同行业企业债务融资水平

第四节　我国企业投资的现状分析

根据已有文献（Richardson，2006），企业投资水平以"（购置固定资产、无形资产和其他长期资产支出的现金净额－处置固定资产、无形资产和其他长期资产收回的现金净额）÷总资产"作为代理变量，数据样本为沪深 A 股上市公司，样本期为 2000～2017 年。数据来自国泰安 CSMAR 数据库，剔除金融行业公司，剔除 ST、PT 样本；为避免极端值的影响对企业投资额进行了上下 1% 的 Winsorize 处理。

一、我国企业投资行为的总体特征

（一）我国企业投资的平均水平

表 3 – 21 报告了样本期间我国企业投资的平均水平状况。从表 3 – 21 中可以看出，企业投资水平在 2000～2006 年波动上升，达到高值 0.06，之后受金融危机的影响迅速下挫到 2009 年的 0.05。2009 年，经济刺激计划显著促进了企业投资，使企业投资在 2011 年达到最高点的 0.065。2012 年之后，随着我国经济逐渐步入"新常态"，企业投资水平呈现明显的持续下滑态势，从 2011 年的 0.065 跌至 2017 年的 0.042，下滑幅度为 35.38%。从历年的整体水平来看，企业投资水平的均值为 0.052，标准差为 0.055，说明各年份不同企业间的投资水平也具有明显的差异。图 3 – 20 更为直观地展现了我国企业投资水平的变化趋势。

表 3 – 21　　　　　　　　2000～2017 年我国企业投资的平均水平

年份	观察值	均值	标准差
2000	711	0.050	0.057
2001	796	0.061	0.063
2002	881	0.059	0.060
2003	978	0.063	0.064
2004	1 056	0.063	0.064

续表

年份	观察值	均值	标准差
2005	1 067	0.057	0.062
2006	1 142	0.053	0.059
2007	1 405	0.055	0.059
2008	1 444	0.060	0.062
2009	1 593	0.050	0.056
2010	1 936	0.056	0.057
2011	2 163	0.065	0.060
2012	2 317	0.060	0.056
2013	2 362	0.053	0.052
2014	2 477	0.047	0.047
2015	2 668	0.042	0.044
2016	2 739	0.040	0.043
2017	3 041	0.042	0.044
总计	30 776	0.052	0.055

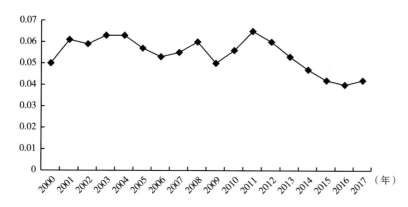

图 3 - 20　2000 ~ 2017 年我国企业投资平均水平

（二）我国企业投资三分位数水平分析

本部分使用分位数分析方法对样本企业投资行为的分布结构进行深入剖析，借此刻画企业投资行为的内部布局，并对企业投资行为平均水平的稳健性进行验证。表 3 - 22 报告了 2000 ~ 2017 年样本企业在 0.25 分位、0.5 分位和 0.75 分位下的投资水平状况。从企业投资的相对水平来看，0.25 分位点处的企业历年投资水平比较平稳;0.5分位点处企业投资水平在0.032~0.05起伏波动;而0.75分位点处企业投资水平在0.057~0.096表现为较明显的波动。

表 3 - 22 　　　　　　　　　2000~2017年我国企业投资三分位数水平

年份	0.25分位	0.5分位	0.75分位
2000	0.010	0.032	0.070
2001	0.015	0.043	0.089
2002	0.014	0.041	0.085
2003	0.015	0.045	0.089
2004	0.014	0.045	0.093
2005	0.012	0.040	0.080
2006	0.011	0.035	0.076
2007	0.011	0.038	0.081
2008	0.013	0.043	0.095
2009	0.012	0.035	0.074
2010	0.016	0.041	0.081
2011	0.021	0.050	0.096
2012	0.019	0.046	0.088
2013	0.016	0.040	0.076
2014	0.014	0.034	0.068
2015	0.011	0.030	0.060
2016	0.010	0.027	0.057
2017	0.012	0.029	0.059

图3-21更为直观地展示了2000~2017年企业投资的三分位数水平及其变动趋势。0.75分位处企业投资水平呈现较大的起伏波动,0.25分位处企业投资则非常平缓。但三类分位数在2011年之后则表现出一致的持续下滑趋势。具体分析企业投资的内部结构发现,历年企业投资水平的均值均高于中位数水平,且二者呈现一致的变动趋势。

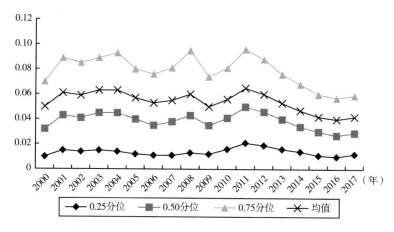

图 3-21 2000～2017 年我国企业投资分位数水平

（三）我国企业投资水平的分布差距

表 3-23 报告了 2000～2017 年样本企业投资水平的分布差距特征。通过表 3-23 可以看出，企业投资水平的泰尔指数处于 0.3527～0.4841，以 2011年的 0.3527 最低。对比泰尔指数在样本区间各年的变化趋势可以发现，2000～2011 年，企业投资水平分布差距从 2000 年最高点的 0.4841 下降至2011 年最低点的 0.3527，中间虽有些小幅波动，但整体呈下降趋势，说明不同企业间投资行为差距在逐渐缩小。但自 2011 年之后，企业投资水平的泰尔指数呈逐步上升趋势，从 0.3527 渐次上升至 2016 年的 0.4345，然后在 2017年微幅下挫，整体来看这一期间内各企业的投资水平差距有逐步扩大的趋势。

表 3-23   2000～2017 年企业投资水平的泰尔指数

年份	INV	年份	INV
2000	0.4841	2009	0.4329
2001	0.4103	2010	0.3918
2002	0.4165	2011	0.3527
2003	0.3995	2012	0.3636
2004	0.4050	2013	0.3639
2005	0.4291	2014	0.3972
2006	0.4389	2015	0.4194
2007	0.4291	2016	0.4345
2008	0.4030	2017	0.4122

二、我国企业投资分企业产权性质现状分析

表 3 - 24 报告了不同产权性质企业的投资水平分布特征。不同产权性质的企业面临的公司特有风险及融资约束程度不同，从而表现出差异化的投资行为。整体来看，两者变动趋势较为接近，但民营企业的波动幅度要大于国有企业，表现为民营企业在 2004 年投资率的下滑和 2009 年投资率的上升都比国有企业显得更为强劲。

表 3 - 24　　　　　　区分企业产权性质的企业投资水平

年份	国有企业		民营企业	
	观察值	均值	观察值	均值
2003	750	0.061	227	0.069
2004	769	0.063	287	0.063
2005	756	0.058	311	0.055
2006	766	0.055	376	0.047
2007	870	0.056	535	0.053
2008	883	0.062	561	0.057
2009	895	0.052	698	0.048
2010	939	0.052	997	0.059
2011	936	0.057	1 227	0.072
2012	946	0.050	1 371	0.067
2013	939	0.045	1 423	0.058
2014	941	0.041	1 536	0.051
2015	946	0.035	1 722	0.045
2016	921	0.034	1 818	0.043
2017	930	0.034	2 110	0.045
总计	8 506	0.050	15 199	0.054

在国有企业和民营企业投资水平的差异方面，两者呈现投资水平高低交错的局面。2004～2009 年，国有企业投资水平大于民营企业，但两者差距不大。从 2007 年开始，两者差距逐步缩小，在 2009 年之后民营企业投资水平开始反超国有企业，并且呈现出差距逐步拉开的趋势，如图 3 - 22 所示。

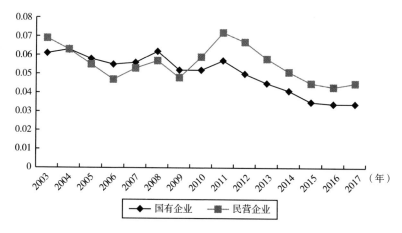

图 3 - 22　区分产权性质的企业投资水平

三、我国企业投资分企业规模、经济地区和行业现状分析

（一）不同规模企业的投资现状

表 3 - 25 和图 3 - 23 报告了不同规模企业的投资水平分布特征。表 3 - 25 和图 3 - 23 显示，2011 年之前三类不同规模企业的投资水平具有一定的差异性。具体而言，大规模企业从 2000 年的 0.052 开始逐步上升至 2004 年的最高点 0.083，之后下降至 2007 年的 0.074，并且在 2008 ~ 2009 年出现明显波动；中规模企业和大规模企业的投资曲线呈现相似特征，但其上升和下降趋势略显平滑；小规模企业投资水平从 2001 ~ 2006 年持续下探，从 0.058 下降至 0.042，在 2006 ~ 2009 年有一个明显的波动，之后快速上升至 2011 年的最高点 0.063。而在 2011 年之后，三类不同规模企业的投资水平均呈现一致的持续下滑趋势。

表 3 - 25　　　　　　　　区分企业规模的企业投资水平

年份	大规模企业		中规模企业		小规模企业	
	观察值	均值	观察值	均值	观察值	均值
2000	75	0.052	226	0.060	410	0.045
2001	98	0.066	266	0.065	432	0.058
2002	119	0.068	320	0.062	442	0.054
2003	168	0.077	373	0.066	437	0.055

年份	大规模企业		中规模企业		小规模企业	
	观察值	均值	观察值	均值	观察值	均值
2004	199	0.083	388	0.067	469	0.051
2005	228	0.080	385	0.057	454	0.045
2006	266	0.075	396	0.050	480	0.042
2007	363	0.071	472	0.049	570	0.049
2008	413	0.080	481	0.054	550	0.051
2009	483	0.063	513	0.046	597	0.044
2010	606	0.061	638	0.054	692	0.053
2011	721	0.066	719	0.067	723	0.063
2012	813	0.055	785	0.064	719	0.061
2013	890	0.050	827	0.054	645	0.056
2014	1 038	0.045	861	0.049	578	0.050
2015	1 222	0.040	920	0.042	526	0.045
2016	1 391	0.040	861	0.040	487	0.041
2017	1 547	0.041	943	0.042	551	0.044
总计	10 640	0.053	10 374	0.053	9 762	0.051

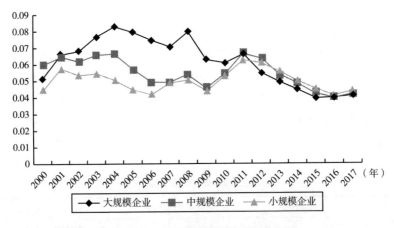

图 3 - 23　区分不同规模企业投资水平

从三类不同规模企业投资水平的差异来看，在 2001～2011 年，大规模企业明显高于中规模企业和小规模企业，且在 2007 年之前三者之间差距持续增大。但自 2009 年开始三者差距开始收敛，2011 年几近趋同，此后三者的变动幅度呈几乎相同的态势发展，表现为曲线几乎重叠的特征。

（二）不同经济地区企业的投资现状

表3-26和图3-24报告了不同经济地区企业投资水平的分布特征。总体而言，三类不同经济地区企业的投资水平未呈现出明显的差异化特征，且三者之间的差距较小。在2005年之前，三类企业投资水平为中部地区企业最大，西部地区企业次之，东部地区企业最低。2005年之后，三者之间几乎没有明显的差异。

表3-26　　　　　　　　　区分经济地区的企业投资水平

年份	东部地区企业		中部地区企业		西部地区企业	
	观察值	均值	观察值	均值	观察值	均值
2000	449	0.047	125	0.058	134	0.053
2001	490	0.057	147	0.072	157	0.063
2002	544	0.057	166	0.066	168	0.058
2003	591	0.059	197	0.071	187	0.065
2004	639	0.062	214	0.066	200	0.062
2005	650	0.058	213	0.055	201	0.056
2006	708	0.052	221	0.056	209	0.052
2007	875	0.055	273	0.056	253	0.054
2008	904	0.059	276	0.062	260	0.062
2009	1 015	0.048	300	0.051	275	0.059
2010	1 282	0.055	344	0.058	306	0.056
2011	1 455	0.064	382	0.071	321	0.064
2012	1 579	0.059	399	0.062	334	0.061
2013	1 615	0.053	402	0.056	339	0.052
2014	1 706	0.047	413	0.050	352	0.046
2015	1 848	0.041	441	0.043	373	0.042
2016	1 933	0.040	437	0.040	365	0.039
2017	2 196	0.042	450	0.042	392	0.040
总计	20 479	0.051	5 400	0.055	4 826	0.053

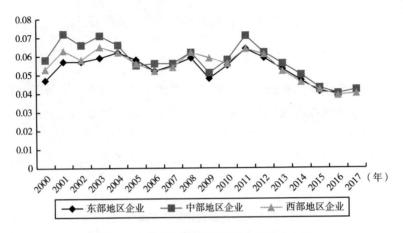

图 3-24　区分不同经济区域企业投资水平

（三）不同行业企业的投资现状

表 3-27 和图 3-25 显示了不同行业企业投资水平的分布特征。从表 3-27 和图 3-25 可以看出，交通运输、仓储和邮政业（行业代码为 G）、水利、环境和公共设施管理业（行业代码为 N）、电力、热力、燃气及水生产和供应业（行业代码为 D）的投资水平较高，均值均为 0.070。房地产业（行业代码为 K）和综合类企业（行业代码为 S）的投资水平较低，均值为 0.018 和 0.026。样本期间内行业整体的投资水平均值为 0.052，标准差为 0.055，表明不同行业的企业投资水平存在较大差异。

表 3-27　区分行业的企业投资水平

行业	观察值	均值	标准差
A. 农、林、牧、渔业	437	0.057	0.058
B. 采矿业	818	0.065	0.060
C. 制造业	18 192	0.057	0.053
D. 电力、热力、燃气及水生产和供应业	1 408	0.070	0.059
E. 建筑业	823	0.033	0.046
F. 批发和零售业	2 119	0.036	0.047
G. 交通运输、仓储和邮政业	1 139	0.070	0.064
H. 住宿和餐饮业	137	0.055	0.056
I. 信息传输、软件和信息技术服务业	1 796	0.046	0.053

续表

行业	观察值	均值	标准差
K. 房地产业	1 886	0.018	0.042
L. 租赁和商务服务业	469	0.046	0.059
M. 科学研究和技术服务业	237	0.041	0.051
N. 水利、环境和公共设施管理业	370	0.070	0.066
P. 教育业	32	0.038	0.058
Q. 卫生和社会工作行业	89	0.055	0.048
R. 文化、体育和娱乐业	471	0.035	0.048
S. 综合类企业	335	0.026	0.037
总计	30 759	0.052	0.055

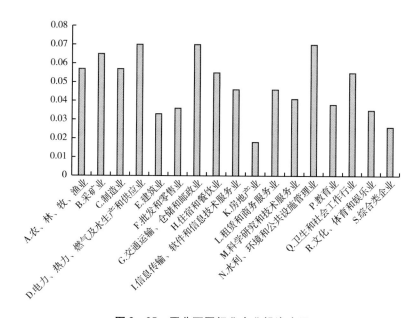

图 3-25　区分不同行业企业投资水平

第五节　本章主要结论

本章对我国税收不确定性的主要来源、我国企业面临的税收不确定性状况和投融资情况的总体特征及布局现状进行了详细分析，得出以下主要结论。

我国企业面临的税收环境确实存在较大的不确定性，主要表现为：税收立法方面，经济的发展和政治周期的变更促使税收政策频繁调整，缺乏稳定性；现行税法和程序本身的复杂性、抽象性，以及税收条款之间由于体系不一而产生相互冲突，增加了征纳双方理解和掌握税法的难度，不仅增加了纳税遵从成本，也容易引发税企争议。税收执法方面，税务执法机关的执法尺度不一、自由裁量权过大带来了执法随意性问题，大大提高了征纳双方发生涉税争议的可能性，导致了税收执法的不确定性；税收解释制度的设计和执行上还存在诸多的瑕疵，不利于纳税人更好地理解税法；等等。相对于综合税负不确定性，企业所得税呈现出的不确定性更大。并且企业所得税的不确定性程度在中西部地区、中小规模企业和高科技行业更为凸显，但不同产权性质企业在税收不确定性方面差异并不明显。

在企业投融资方面，金融危机期间受经济刺激政策的影响，企业杠杆率和投资率均出现短暂上升。但自 2011 年以来，实体企业投资率便呈持续下滑态势，且不同性质企业间投资行为差距缩小，国有企业和民营企业、不同规模和经济地区的企业投资率下滑走向基本一致。在此期间，企业微观层面债务融资水平增长率也呈明显下降趋势。虽然在 2014～2016 年企业债务融资水平有所回升，但其可能是民营企业的被动加杠杆行为所致。中小企业和民营企业"融资难、融资贵"问题依然存在，资金紧张仍然是制约其发展的关键因素。

由前面的理论分析可知，税收不确定性会增加企业税后现金流波动性，降低债务的税盾价值，增加投资的"等待"期权价值，从而抑制企业投融资行为。同时，税收不确定性会增大金融摩擦，加剧企业面临的融资约束，进而影响企业投融资决策。在现实情境下，税收不确定性是否扭曲了企业投融资行为、抑制了实体经济发展，亟须在实证层面进行验证。本章关于税收不确定性和企业投融资的现状分析为后面的实证研究奠定了坚实的制度背景基础。

第四章

税收不确定性影响企业债务融资
行为的实证分析

融资行为是连接微观市场主体和金融市场的重要纽带，融资效率的高低不仅影响企业的投资效率和持续稳定经营，也关系到整体经济的健康发展。债务融资决策是企业的重要经营决策之一。债务融资比例是决定企业财务风险和流动性风险的重要因素，并且显著地影响着企业的加权资本成本（蒋腾等，2018）。长期以来，如何有效解决企业面临的融资难、融资贵的问题一直是学术界和监管部门关注的热点和难点问题。以往对企业债务融资决策影响因素的研究主要集中于企业自身财务特征，如所得税、破产成本等，认为企业采取何种融资方式主要依自身特征而定。但是在现实经济环境中，由于金融市场中存在的信息不对称和代理问题，使得企业的债务融资水平不仅受企业自身特征的影响，还受到外部资金供给环境的制约（Leary，2009；Lemmon & Roberts，2010）。宏观资金供给市场中存在的金融摩擦使企业并不能按照融资需求得到相应的资金支持。尤其当宏观经济叠加"不确定性"扰动时，企业很可能遭遇融资障碍而陷入财务困境，现金流断裂的风险直接加剧了企业的破产风险。当前，我国正处于经济转型期，市场经济制度尚不完善，宏观经济运行面临更多的政府干预，使得经济波动的特征更加明显。经济政策不确定性会深刻地影响微观企业行为，已有研究发现，经济政策不确定性提高了企业外部融资成本（Baum et al.，2009；宋全云等，2019），显著降低了债务融资水平（蒋腾等，2018）。经济政策不确定性既会增大外部融资环境的摩擦，又会增加企业内部经营的风险，从而抑制企业的投融资行为。

目前，关于经济政策不确定经济后果的研究主要是基于对整体经济政策的考量，尚无研究考察经济政策不确定性的重要因素，即税收政策或执法方面的不确定性对企业债务融资决策的影响。在税收因素如何影响企业融资行为的研究方面，也主要是基于静态角度考察税负本身或一次性政策调整前后对企业资本结构的影响。税收不确定性是否会影响企业的债务融资决策，其影响的具体作用机制如何？对税收不确定性与企业债务融资决策之间关系的研究有助于我们更全面地理解宏观经济政策与微观企业行为之间的互动关系，对于提高我国税收政策制定和实施的有效性，加强企业对融资决策的筹划与管理具有重要的理论和现实意义。

第一节　研究假设

根据前述理论分析，从资金需求层面看，税收不确定性提高可能会加剧企业税后现金流波动，使企业面临更大的财务困境和更高的破产风险，企业可能会出于规避风险的考虑选择主动降低债务融资规模。税收不确定性提高了企业管理层对未来现金流的预测难度，增加了产生预测偏误的概率，这意味着企业面临更高的财务困境和破产风险。已有研究表明，现金流波动性对杠杆结构的影响是负向的，因为伴随着现金流波动性的增加，企业发生财务困境的概率也会增加，相应地降低了债务的税盾价值。因此，根据资本结构权衡理论，税收不确定性较高的公司可能会降低债务融资规模，以降低企业未来面临的各种风险。

从资金供给层面看，税收不确定性增大了金融摩擦，增加了股权和期限的风险溢价，恶化了外部融资环境。为了规避风险，银行通常会采取紧缩的信贷政策。税收不确定性通过影响投资者对企业未来现金流的预期，导致资产价格的波动。金融市场摩擦加剧了金融机构和企业之间的信息不对称和代理问题，逆向选择和道德风险问题也会更加严重，进而加速了风险在整个金融体系和实体经济中的蔓延。金融机构出于谨慎性的考虑，不仅会缩减信贷规模以补充自身的流动性，而且会提高贷款利率并在贷款合同中添加非价格条款以提高信贷门槛，这在一定程度上增加了企业的融资成本，从而导致企业可获得的融资下降。综上所述，提出本部分第一个研究假设：

H4-1：税收不确定性与企业债务融资规模显著负相关，税收不确定性越高，企业债务融资规模越小。

经典资本结构理论认为，在完美的资本市场中，所有的企业都可以自由地获得资金以对有价值的投资项目进行投资（Modigliani & Miller, 1958），即假定资金供给具有完全的弹性，公司无须依赖内部现金流来进行投资。然而，现实世界中的资本市场并不完美，信息不对称（Myers & Majluf, 1984）以及代理成本（Jensen & Meckling, 1976）等金融摩擦因素的存在，导致企业的外部融资成本高于内部融资成本。因此，外部资本市场摩擦较大的公司将更依赖内部资金，从而使企业面临融资约束问题。税收因素会影响企业的税后现金流，相应地，税收不确定性增大也会加大企业税后现金流的波动，而现金流是导致企业受融资约束的重要因素。刘康兵和申朴（2018）的研究表明，不确定性程度的增加会使企业面临更高的外部融资溢价，企业或者更依赖内部资金，或者放弃有价值的投资机会，即融资约束程度加剧。本书认为，税收不确定性对企业债务融资的影响在融资约束程度不同的企业中存在差异。融资约束程度越高的企业原本的外部融资成本就大，面对较高的税收不确定性时其外部融资成本相对来说可能更高，因此有更强的动机降低债务融资水平。由此，本书预期对于融资约束程度更高的企业，税收不确定性通过金融市场对企业债务融资的影响更为显著。综上所述，提出本部分第二个研究假设：

H4 - 2：相对于融资约束程度较低的公司，税收不确定性对企业债务融资规模的负向影响在融资约束程度较高的公司中更显著。

一般来说，在其他条件相同的情况下，企业面临的投资机会越有吸引力，从外部进行融资以获得投资项目的可能性就越大。企业投资是销售收入（或外部需求）与利率的函数，因此未来的市场需求是企业进行投资扩大再生产的重要考虑因素。王义中和宋敏（2014）指出，市场需求对投资有显著的促进作用，但宏观经济不确定性的提高会削弱这种正向作用。尽管更高的税收不确定性增加了企业的外部融资风险溢价，提高了债务融资成本，使得企业的债务融资规模减少。但如果企业面对的市场需求较高，则预示着预期未来的销售收入很可能会增加，那么此时企业可能愿意以较高的成本代价获取债务融资用于投资支出，以期在未来能够获得更多的利润（顾文涛等，2017）。因此，本书认为，如果企业面临较高的市场需求，则税收不确定性对企业债务融资减少的程度较小。相反，如果企业的市场需求较低，则意味着未来企业的销售收入变得更加不确定，在这种情况下企业减少投资的可能性增加，进而降低了企业的融资需求；并且税收不确定性增加了企业信贷融资成本，企业面临的融资约束更加严重，企业更加不愿意进行债务融资。因此，对于市场需求较低的企业，税收不确定性对其债务融资的影响可能较大。综上所述，提出本部分第三个研究假设：

H4 – 3：相对于市场需求较强的公司，税收不确定性对企业债务融资规模的负向影响在市场需求较弱的公司中更显著。

第二节　研究设计

一、样本选择与数据来源

本书的初始研究样本为 2007～2017 年中国 A 股上市公司。由于计算税收不确定性的数据需要用到滞后四期的数据，因此计算企业实际税率数据用到的数据样本期间为 2003～2017 年。针对初始样本数据进行了如下处理：（1）由于金融行业公司的财务报表具有特殊性，因此剔除金融行业公司；（2）剔除 ST、PT 样本；（3）剔除数据存在缺失的样本。样本筛选后，最终得到了 13 308 个公司—年度观测值。本书的研究数据来自国泰安 CSMAR 数据库，为了降低异常值对回归结果的干扰，对所有连续型变量进行了上下 1% 的 Winsorize 处理。

二、变量定义

1. 解释变量：税收不确定性（CV）。使用企业当年及滞后四年的企业所得税实际税率标准差除以连续五年的实际税率平均值来度量税收不确定性水平。随着时间的推移，税收状况不确定的公司会表现出更大的税收支付的波动性。因此，有效税率波动较大的公司意味着其可能面临更高的税收不确定性（Jacob et al.，2019；Neuman，2019）。

2. 被解释变量：企业债务融资（ΔLEV1、ΔLEV2）。考虑企业的资本结构本身具有一定的黏性，因而借鉴科瓦什和哈恩（Covas & Haan，2011）、麦克莱恩和赵（McLean & Zhao，2014），采用企业负债额的变化率衡量债务融资的变动情况。考虑到宏观经济变化使信贷融资和商业信用融资具有相互替代性（饶品贵和姜国华，2013），可能对总负债率和有息债务率产生不同的影响，因此本书采用两种方法度量债务融资（吕峻和石荣，2014）。具体来说，采用两个衡量指标：（1）ΔLEV1 =（年末总负债 – 年初总负债）÷滞后一期总资产；（2）ΔLEV2 = 有息债务的增加额÷滞后一期总资产，其中，有息负债包括短期借款、长期借款和应付债券。这两种方法各有优势，第一种方法是总负债率，既包括有息债务合约，也包括应付账款、预收账款等在商业活动中形成的负债，第二种方法是企业通过债务合约融资的一种有效的测量。

3. 调节变量。融资约束（KZ）。本部分使用卡普兰和津加莱斯（Kaplan & Zingales，1997）、拉蒙特等（Lamont et al.，2001）构造的融资约束 KZ 指数（KZ）代表企业面临的融资约束程度，该指标越大代表融资约束程度越高。使用年度—行业中位数对融资约束 KZ 指数进行分组，高于年度—行业中位数的样本为受融资约束程度高的企业，低于年度—行业中位数的样本为受融资约束程度低的企业。市场需求（GROWTH）。企业市场需求采用销售收入增长率（GROWTH）衡量（王义中和宋敏，2014）。根据销售加速器理论，销售收入或产出（或者市场需求）波动是影响公司资本支出变化的重要因素（Fazzari et al.，1988）。企业的销售收入增长率越高，说明企业产品的市场需求越大，需要更多的资金扩大再生产。因此，销售收入增长率越高代表企业的市场需求越大。

4. 控制变量。为控制其他因素对企业债务融资的影响，本书借鉴有关企业债务融资决策的影响因素文献（Flannery & Rangan，2006），选择经营性现金流（CF）、公司规模（SIZE）、成长性（GROWTH）、盈利能力（ROA）、有形资产占比（PPE）、非债务税盾（DEPAM）、行业负债率（MEDLEV）作为控制变量。具体而言，企业资本结构的优序融资理论认为，由于内源性融资的成本最低，因而企业会优先考虑内源性融资。当企业具有更多的经营性现金流时，可能会降低债务融资规模，因此预期经营性现金流的系数为负。规模较大的公司自身分散风险的能力强，因此更易获得债务融资。成长性对企业债务融资水平的影响方向不确定，一方面，企业成长性越高则破产成本越大，基于权衡理论，为了规避破产风险而倾向于使用更少的债务；另一方面，成长性越高的企业需要的资金越多，而单纯依赖内源融资可能不能满足企业全部的资金需求，因此企业更可能以债务融资的方式获取资金（Wu & Yue，2009），因而不对 GROWTH 的符号进行预期。盈利能力对企业债务融资水平的影响方向也不确定，一方面，盈利能力较强的公司其面临的破产风险也较低，因而更易获得融资。此外，为充分利用债务带来的税盾收益，盈利能力越强的公司更倾向于利用财务杠杆。另一方面，具有较强盈利能力的公司可能会更多地利用自身盈利来周转资金，相应地减少了融资需求，因而也不对 ROA 的系数方向进行预期。固定资产越多其担保、抵押能力越强，进而越易获得债务融资机会。根据权衡理论，非债务税盾（主要包括可税前扣除的折旧和摊销）提高会降低债务的税盾价值，因而企业会降低债务融资规模。具体变量定义详见表 4 - 1。

表 4 - 1 变量定义

变量名称	变量符号	变量定义
债务融资规模	ΔLEV1	年末总负债相对于年初总负债的增加额除以滞后一期总资产
债务融资规模	ΔLEV2	当年末有息负债相对于年初总负债的增加额除以滞后一期总资产。其中，有息负债包括短期借款、长期借款和应付债券
税收不确定性	CV	企业所得税实际税率当年及滞后四年的变异系数
经营现金流	CF	经营活动现金流量除以营业收入
公司规模	SIZE	年末总资产加 1 取自然对数
成长性	GROWTH	当年度营业收入相对于上一年度的增加额除以当年度营业收入
盈利能力	ROA	当年度净利润除以年末总资产
固定资产占比	PPE	年末固定资产除以当年末总资产
行业负债率	MEDLEV	企业所在行业当年度资产负债率的中位数
非债务税盾	DEPAM	固定资产折旧与无形资产摊销之和除以当年末总资产
融资约束	KZ	借鉴卡普兰和津加莱斯（1997）和拉蒙特等（2001）方法计算 KZ 指数 = - 5.845631 × 经营性现金流 - 2.465899 × 现金持有 - 46.40728 × 现金股利 + 4.193729 × 资产负债率 + 0.2923532 × 托宾 Q
行业	INDUSTRY	行业哑变量
年份	YEAR	年份哑变量

三、模型设定

首先，为验证假设 4 - 1（即税收不确定性对企业债务融资的影响），采用模型（4 - 1）进行检验：

$$\Delta LEV_{i,t} = \alpha_0 + \alpha_1 CV_{i,t} + \alpha_i \sum Controls_{i,t} + \sum Industry + \sum Year + \varepsilon_{i,t}$$

$$(4-1)$$

其中，α_i 为估计系数，ε 为残差，Controls 为控制变量组，其他变量定义见表 4-1。依据假设 4-1，税收不确定性会降低企业债务融资规模，因而预期 α_1 显著为负。

其次，为验证假设 4-2（即税收不确定性对企业债务融资的影响在融资约束程度不同公司之间的差异），采用模型（4-2）进行检验：

$$\Delta LEV_{i,t} = \beta_0 + \beta_1 CV_{i,t} + \beta_2 CV_{i,t} \times KZ_{i,t} + \beta_3 KZ_{i,t} + \beta_i \sum Controls_{i,t} +$$

$$\sum Industry + \sum Year + \varepsilon_{i,t} \qquad (4-2)$$

其中，模型（4-2）在模型（4-1）的基础上加入了融资约束（KZ）以及税收不确定性与融资约束的交乘项（CV×KZ）。根据假设 4-2，相对于融资约束程度较低的企业，税收不确定性对债务融资规模的负向影响在融资约束程度较高的企业越严重，因而预期 β_2 显著为负。

最后，为验证假设 4-3（即税收不确定性对企业债务融资的影响在市场需求不同公司之间的差异），采用模型（4-3）进行检验：

$$\Delta LEV_{i,t} = \mu_0 + \mu_1 CV_{i,t} + \mu_2 CV_{i,t} \times GROWTH_{i,t} + \mu_3 GROWTH_{i,t} +$$

$$\mu_i \sum Controls_{i,t} + \sum Industry + \sum Year + \varepsilon_{i,t} \qquad (4-3)$$

模型（4-3）在模型（4-1）的基础上加入了衡量企业市场需求（GROWTH）以及税收不确定性与企业市场需求的交乘项（CV×GROWTH）。根据假设 4-3，相对于市场需求较强的公司，税收不确定性对企业债务融资规模的负向影响对市场需求较弱的公司更为显著，因而预期 μ_2 显著为正。

第三节 实证结果分析

一、描述性统计

表 4-2 报告了全样本主要变量的描述性统计结果。由表 4-2 可知，上市公司债务融资额的增量占总资产比重（ΔLEV1）的均值是 0.106，有息负

债的增量占总资产比重（ΔLEV2）的均值为 0.039，两个变量的标准差分别为 0.269 和 0.135，说明样本公司的债务融资规模差异较大。CV 的均值（中位数）是 0.585（0.423），标准差是 0.499，说明企业所得税实际税率具有一定波动性。从控制变量而言，公司规模（SIZE）的均值为 22.160，企业营业收入增长率（GROWTH）的均值为 0.218，资产收益率（ROA）的均值为 0.033，固定资产在总资产中的比重（PPE）的均值为 0.250，控制变量的描述性统计数值与前人文献较为接近。

表 4 - 2　　　　　　　　　　　　　　描述性统计

变量	样本量	均值	标准差	最小值	P25	中位数	P75	最大值
ΔLEV1	13 308	0.106	0.269	- 0.329	- 0.014	0.051	0.153	1.874
ΔLEV2	13 308	0.039	0.135	- 0.231	- 0.021	0.008	0.074	0.778
CV	13 308	0.585	0.499	0.034	0.199	0.423	0.834	2.235
CF	13 308	0.075	0.243	- 1.225	0.006	0.070	0.163	0.794
SIZE	13 308	22.160	1.343	19.27	21.22	22.00	22.95	26.10
GROWTH	13 308	0.218	0.671	- 0.604	- 0.040	0.103	0.267	5.076
ROA	13 308	0.033	0.057	- 0.215	0.011	0.030	0.057	0.202
PPE	13 308	0.250	0.183	0.002	0.106	0.215	0.365	0.757
MEDLEV	13 308	0.457	0.108	0.265	0.389	0.421	0.529	0.693
DEPAM	13 308	0.025	0.017	0	0.012	0.022	0.034	0.078
KZ	13 308	1.515	1.633	- 4.267	0.689	1.710	2.513	5.646

二、相关性分析

表 4 - 3 报告了主要变量间的 Pearson 相关系数。税收不确定性（CV）与企业债务融资规模（ΔLEV1）的相关系数为负，但不显著。与 ΔLEV2 在 1% 水平上显著负相关。以上结果说明税收不确定性降低了企业债务融资规模，与 H4 - 1 的预期相符。自变量与控制变量以及控制变量之间的相关系数基本都在 0.5 以下，说明不存在严重多重共线性问题。接下来，本章的余下部分将控制其他影响因素，通过多元回归分析来检验税收不确定性对企业债务融资规模的影响。

表4-3

相关性分析

变量	序号	(1)	(2)	(3)	(4)	(5)	(6)	(7)	(8)	(9)	(10)
ΔLEV1	(1)	1									
ΔLEV2	(2)	0.762***	1								
CV	(3)	-0.008	-0.024***	1							
CF	(4)	-0.087***	-0.153***	-0.121***	1						
SIZE	(5)	0.176***	0.171***	-0.295***	0.052***	1					
GROWTH	(6)	0.544***	0.373***	0.064***	0.005	0.039***	1				
ROA	(7)	0.035***	0.010	-0.373***	0.188***	0.070***	0.175***	1			
PPE	(8)	-0.122***	-0.071***	0.121***	0.254***	0.028***	-0.082***	-0.139***	1		
MEDLEV	(9)	0.090***	0.074***	-0.052***	-0.097***	0.163***	0.041***	-0.079***	-0.151***	1	
DEPAM	(10)	-0.189***	-0.148***	0.153***	0.210***	-0.070***	-0.098***	-0.34***	0.755***	-0.238***	1

注：***、**、*表示1%、5%、10%的显著性水平。

三、多元回归分析

(一) 税收不确定性与企业债务融资规模

表 4－4 报告了检验税收不确定性对企业债务融资规模影响的回归结果。其中，第 (1) 列、第 (3) 列报告了仅控制年度固定效应的结果，第 (2) 列、第 (4) 列报告了同时控制年份和行业固定效应的结果，第 (1) 列、第 (2) 列的被解释变量为企业债务融资 (ΔLEV1)，第 (3) 列、第 (4) 列的被解释变量为企业债务融资 (ΔLEV2)。由实证结果可知，当被解释变量为 ΔLEV1，税收不确定性 (CV) 的系数分别为 － 0.011、－ 0.012，且均在 5% 水平上显著。以 ΔLEV2 为被解释变量时，税收不确定性 (CV) 的系数分别为 － 0.010、－ 0.011，且均在 1% 水平上显著。以上结果说明税收不确定性与企业债务融资规模负相关，税收不确定性越高，企业债务融资规模越低，H4－1 得到验证。以上结果说明税收不确定性的提高，一方面增加了企业破产风险，主观上减少了企业对于债务融资的需求；另一方面可能由于加大了金融市场摩擦从而降低了资金供给。

表 4－4　　　　　　　　税收不确定性与企业债务融资规模

变量	(1) ΔLEV1	(2) ΔLEV1	(3) ΔLEV2	(4) ΔLEV2
CV	－ 0.011 **	－ 0.012 **	－ 0.010 ***	－ 0.011 ***
	(－ 1.98)	(－ 1.99)	(－ 3.56)	(－ 3.61)
CF	－ 0.071 ***	－ 0.076 ***	－ 0.084 ***	－ 0.089 ***
	(－ 5.01)	(－ 5.20)	(－ 10.70)	(－ 11.00)
SIZE	0.036 ***	0.035 ***	0.017 ***	0.017 ***
	(19.29)	(18.73)	(16.59)	(16.15)
GROWTH	0.217 ***	0.217 ***	0.075 ***	0.075 ***
	(21.87)	(21.93)	(17.13)	(17.14)
ROA	－ 0.409 ***	－ 0.408 ***	－ 0.147 ***	－ 0.157 ***
	(－ 9.03)	(－ 9.00)	(－ 6.82)	(－ 7.24)
PPE	0.043 **	0.036 *	0.072 ***	0.050 ***
	(2.39)	(1.87)	(6.98)	(4.51)

变量	(1) ΔLEV1	(2) ΔLEV1	(3) ΔLEV2	(4) ΔLEV2
MEDLEV	- 0. 058 **	- 0. 254 ***	- 0. 034 ***	- 0. 109 ***
	(- 2. 55)	(- 3. 57)	(- 2. 78)	(- 2. 66)
DEPAM	- 2. 477 ***	- 2. 518 ***	- 1. 278 ***	- 1. 258 ***
	(- 11. 83)	(- 11. 74)	(- 11. 16)	(- 10. 92)
Constant	- 0. 715 ***	- 0. 668 ***	- 0. 339 ***	- 0. 312 ***
	(- 16. 33)	(- 11. 63)	(- 13. 99)	(- 9. 26)
行业	未控制	控制	未控制	控制
年度	控制	控制	控制	控制
Observations	13 308	13 308	13 308	13 308

注：括号内为 t 值，***、**、* 分别表示在 1%、5% 和 10% 水平上显著。

从控制变量来看，企业规模（SIZE）、成长性（GROWTH）、有形资产比率（PPE）与债务融资规模正相关，说明公司规模越大、成长性越高、有形资产比例越高的公司，债务融资增长率越高；企业经营性现金流（CF）、盈利能力（ROA）、行业负债比率（MEDLEV）、非债务税盾（DEPAM）与债务融资规模负相关，说明经营活动现金流越多、盈利能力越强、行业负债率越高、非债务税盾规模越大时，债务融资规模的增长率越低。

（二）税收不确定性、融资约束与企业债务融资规模

为验证 H4 - 2，即融资约束是否在税收不确定性对企业债务融资规模的影响中具有调节效应，利用模型（4 - 2）进行回归，结果见表 4 - 5。表 4 - 5 的结果显示，在第（1）列、第（2）列中，ΔLEV1 为被解释变量的检验结果中，KZ 指数与税收不确定性的交互项（CV × KZ）的系数是 - 0.048，且在 1% 水平上显著；在 ΔLEV2 为被解释变量的检验结果中，KZ 指数与税收不确定性的交互项（CV × KZ）的系数是 - 0.019，且在 1% 水平上显著。这说明对于融资约束程度高的企业，税收不确定性对企业债务融资规模的负向影响更明显。由于融资约束程度高的企业原本就面临较高的外部融资成本，而较高的税收不确定性增加了金融市场摩擦，进一步加剧了企业融资约束程度。因此，融资约束程度越高的企业，债务融资对税收不确定性的敏感程度越大，税收不确定性对融资约束程度高的企业的债务融资规模抑制作用更显著，验证了 H4 - 2。

表 4 - 5　　　　　　　税收不确定性、融资约束与企业债务融资规模

变量	(1) ΔLEV1	(2) ΔLEV2
CV	0.023 **	0.001
	(2.44)	(0.12)
CV × KZ	- 0.048 ***	- 0.019 ***
	(-4.27)	(-3.45)
KZ	0.002	0.016 ***
	(0.38)	(4.33)
SIZE	0.036 ***	0.016 ***
	(18.72)	(15.68)
CF	- 0.089 ***	- 0.087 ***
	(-5.98)	(-10.51)
GROWTH	0.215 ***	0.075 ***
	(21.96)	(17.12)
ROA	- 0.471 ***	- 0.143 ***
	(-9.75)	(-6.14)
PPE	0.045 **	0.049 ***
	(2.30)	(4.40)
MEDLEV	- 0.260 ***	- 0.106 ***
	(-3.66)	(-2.59)
DEPAM	- 2.584 ***	- 1.222 ***
	(-11.85)	(-10.59)
Constant	- 0.682 ***	- 0.313 ***
	(-11.80)	(-9.30)
行业	控制	控制
年度	控制	控制
Observations	13 308	13 308
Adjusted R^2	0.36	0.21

注：括号内为 t 值；*** 、** 、* 分别表示在1%、5%和10%的水平上显著。

（三）税收不确定性、市场需求与企业债务融资规模

为验证 H4 - 3，即对于不同市场需求的企业，税收不确定性对企业债务融资规模影响是否存在差异，利用模型（4 - 3）进行回归，结果见表 4 - 6。

表 4 - 6 的结果显示，在以 ΔLEV1 和 ΔLEV2 为被解释变量时，税收不确定性与市场需求的交乘项（CV × GROWTH）系数分别为 0.092 和 0.042，且在 1% 水平上显著。以上结果说明，较高的市场需求显著抑制了税收不确定性对债务融资规模的负向影响，H4 - 3 得到验证。尽管较高的税收不确定性可能会增加企业的外部融资成本，但是较高的市场需求增加了企业在未来获得更多销售收入的预期，为了在未来获取高额利润，此时企业愿意承担较高的信贷融资成本以获取资金用于扩大再生产。因此，对于市场需求较高的企业来说，税收不确定性降低债务融资水平的程度可能较小。

表 4 - 6　　　　　税收不确定性、市场需求与企业债务融资规模

变量	(1) ΔLEV1	(2) ΔLEV2
CV	- 0.003 (- 0.55)	- 0.013 *** (- 3.96)
CV × GROWTH	0.092 *** (7.48)	0.042 *** (6.98)
GROWTH	0.064 *** (9.34)	0.016 *** (4.44)
CF	- 0.076 *** (- 4.83)	- 0.089 *** (- 10.53)
SIZE	0.039 *** (17.41)	0.018 *** (15.89)
ROA	- 0.106 ** (- 1.99)	- 0.056 ** (- 2.30)
PPE	0.021 (0.96)	0.045 *** (3.74)
MEDLEV	- 0.262 *** (- 3.13)	- 0.112 ** (- 2.58)
DEPAM	- 2.795 *** (- 11.20)	- 1.349 *** (- 10.77)
Constant	- 0.763 *** (- 11.38)	- 0.342 *** (- 9.72)

续表

变量	(1) ΔLEV1	(2) ΔLEV2
行业	控制	控制
年度	控制	控制
Observations	13 308	13 308
Adjusted R^2	0.14	0.11

注：括号内为 t 值；***、**、*分别表示在1%、5%和10%的水平上显著。

四、稳健性检验

为保证实证结果的可靠性，本书依次进行如下稳健性检验：改变关键变量的度量方法、改变模型回归方法、在控制变量中加入宏观经济先行指标。

（一）改变关键变量度量方式

本书采用改变关键变量的度量方式进行稳健性检验。首先，改变被解释变量度量方式，采用本年末负债率（负债总额除以资产总额）减去年初负债率（ΔLEV）度量企业债务融资增长情况。其次，改变税收不确定性的度量方式。贝克等（Baker et al.，2016）构建了中国经济政策不确定性的总体指数，但是并不包括财政政策和货币政策的细分项目。朱军（2017）采用贝克等的方法，利用国内媒体报道数据（《经济日报》《人民日报》《光明日报》）构造了中国财政政策不确定性指数，其中包括财政支出不确定性指数和税收政策不确定性指数。本部分借鉴朱军（2017），将税收不确定性的代理变量替换为税收政策不确定性指数（TAXINDEX）重新对债务融资规模进行检验。

表4-7报告了替换关键变量度量方式的稳健性检验结果。第（1）列报告了改变被解释变量度量方式的检验结果，CV 的系数为 -0.027，均在1%的水平上显著。第（2）列和第（3）列报告了改变解释变量度量方式的检验结果，在以 ΔLEV1 为被解释变量时，TAXINDEX 的估计系数为 -0.037，在5%的水平上显著；在以 ΔLEV2 为被解释变量时，TAXINDEX 的估计系数为 -0.012,且在5%的水平上显著。以上结果说明，税收不确定性会降低企业债务融资规模，本书的实证结果是稳健的。

表 4 - 7　　　　　　　　稳健性检验：改变关键变量度量方式

变量	(1) ΔLEV	(2) ΔLEV1	(3) ΔLEV2
CV	- 0. 027 *** (- 13. 45)		
TAXINDEX		- 0. 037 ** (- 3. 40)	- 0. 012 ** (- 2. 04)
CF	- 0. 004 (- 0. 97)	- 0. 073 *** (- 5. 00)	- 0. 087 *** (- 10. 87)
SIZE	0. 002 *** (3. 69)	0. 031 *** (18. 04)	0. 016 *** (16. 81)
GROWTH	0. 012 *** (5. 22)	0. 216 *** (21. 98)	0. 074 *** (17. 08)
ROA	- 0. 554 *** (- 23. 16)	- 0. 346 *** (- 8. 42)	- 0. 116 *** (- 5. 81)
PPE	- 0. 008 (- 1. 15)	0. 046 ** (2. 42)	0. 053 *** (4. 89)
MEDLEV	- 0. 002 (- 0. 09)	0. 085 ** (1. 98)	0. 020 (0. 75)
DEPAM	- 0. 307 *** (- 3. 92)	- 2. 510 *** (- 11. 79)	- 1. 256 *** (- 10. 98)
Constant	- 0. 019 (- 0. 92)	- 0. 622 *** (- 12. 66)	- 0. 312 *** (- 10. 97)
行业	控制	控制	控制
年度	控制	未控制	未控制
Observations	13 308	13 308	13 308
Adjusted R²	0. 11	0. 35	0. 21

注：括号内为 t 值，*** 、** 、* 分别表示在 1%、5% 和 10% 的水平上显著。

（二）改变模型回归方法

前面采用的 OLS 回归作为一种均值回归方法，可能会受到样本分布的影响，个别远离数据群的极端值将可能影响回归的显著性（拟合度），而采用中位数回归不易受极端值的影响，较为稳健。本部分稳健性检验采用中位数回归方法来检验税收不确定性对企业债务融资规模的影响。参考布伦德尔和邦德（Blundell & Bond，1998）的做法，采用两阶段系统矩估计法来克服两者的内生性问题。税收不确定性不是严格外生的，债务融资也可能影响到所得税有效税率的波动，例如债务融资的税盾效应会影响企业所得税税负，因此估计方程可能存在互为因果关系的内生性问题。系统 GMM 估计方法采用内生变量的滞后项作为内生变量的工具变量，在一定程度上可以避免变量间互为因果的关系所造成的估计偏误。

表 4-8 报告了改变模型估计方法的稳健性检验。其中，第（1）列、第（2）列为中位数回归方法，第（3）列、第（4）列为两阶段系统 GMM 回归的估计结果。在中位数回归中，以 $\Delta LEV1$ 和 $\Delta LEV2$ 为被解释变量时，税收不确定性（CV）的系数分别为 -0.026 和 -0.012，均在 1% 的水平上显著。在两阶段系统 GMM 回归中，一阶自回归检验 AR（1）的 P 值为 0.0000，表明估计模型存在内生性问题；二阶自回归检验 AR（2）中 P 值为 0.1539 和 0.0706，表明内生性问题得到有效克服。此外，识别不足检验的统计值较为显著，且通过了过度识别检验，说明选取的工具变量较有效且具有相关性。回归结果表明，税收不确定性（CV）的系数均显著为负，说明企业税收不确定性对企业债务融资规模的负向影响的结果是稳健可靠的。

表 4-8　　　　　　　　　稳健性检验：改变模型估计方法

变量	(1) $\Delta LEV1$	(2) $\Delta LEV2$	(3) $\Delta LEV1$	(4) $\Delta LEV2$
	中位数回归	中位数回归	GMM 回归	GMM 回归
CV	-0.026 *** (-9.60)	-0.012 *** (-7.82)	-0.013 * (-1.74)	-0.010 ** (-2.42)
CF	-0.061 *** (-8.44)	-0.071 *** (-12.09)	-0.268 *** (-6.73)	-0.468 *** (-21.46)
SIZE	0.019 *** (20.28)	0.007 *** (13.14)	0.029 *** (15.75)	0.014 *** (13.31)
GROWTH	0.196 *** (16.99)	0.047 *** (12.69)	0.219 *** (20.28)	0.085 *** (15.73)

续表

变量	(1) ΔLEV1	(2) ΔLEV2	(3) ΔLEV1	(4) ΔLEV2
	中位数回归	中位数回归	GMM 回归	GMM 回归
ROA	− 0.382 ***	− 0.117 ***	− 0.295 ***	0.000
	(− 14.68)	(− 8.55)	(− 5.57)	(0.01)
PPE	− 0.010	0.027 ***	− 0.002	0.036 ***
	(− 1.07)	(4.38)	(− 0.09)	(3.21)
MEDLEV	− 0.067 *	− 0.029	− 0.143 *	− 0.094 **
	(− 1.82)	(− 1.23)	(− 1.76)	(− 2.03)
DEPAM	− 1.449 ***	− 0.634 ***	− 1.863 ***	− 0.611 ***
	(− 14.50)	(− 9.94)	(− 9.02)	(− 5.09)
Constant	− 0.356 ***	− 0.125 ***	− 0.582 ***	− 0.264 ***
	(− 12.39)	(− 6.75)	(− 9.52)	(− 7.38)
行业	控制	控制	控制	控制
年度	控制	控制	控制	控制
Observations	13 308	13 308	9 320	9 320
R^2	0.35	0.21	0.33	0.23

注：括号内为 t 值，*** 、** 、* 分别表示在 1%、5% 和 10% 的水平上显著。

（三）在控制变量中加入宏观经济指标

前面回归分析中主要控制了企业层面的影响因素，但没有考虑宏观经济不确定性的影响。为避免遗漏变量偏差导致的内生性问题，本书在前面分析的基础上依次在回归分析中加入国内生产总值增长率（RGDP）和货币供应量增长率（RM2）、宏观经济先行指数（HINDEX）、企业家信心指数（BIN-DEX）、企业景气指数（EINDEX）和消费者信心指数（CINDEX）等作为宏观经济不确定性的衡量指标（宋全云等，2019）。表 4 - 9 报告了控制宏观经济先行指标的稳健性检验结果，鉴于篇幅所限，本部分只报告了以 ΔLEV1 为被解释变量时的结果，税收不确定性变量（CV）的估计系数均显著为负，说明研究结论稳健。

表4-9 稳健性检验：加入宏观经济先行指标

变量	(1) ΔLEV1	(2) ΔLEV1	(3) ΔLEV1	(4) ΔLEV1	(5) ΔLEV1
CV	-0.014**	-0.012**	-0.011*	-0.011*	-0.010*
	(-2.34)	(-2.12)	(-1.84)	(-1.94)	(-1.79)
CF	-0.076***	-0.077***	-0.075***	-0.075***	-0.073***
	(-5.21)	(-5.24)	(-5.15)	(-5.12)	(-5.02)
SIZE	0.033***	0.030***	0.029***	0.030***	0.033***
	(18.27)	(17.06)	(16.76)	(17.10)	(17.93)
GROWTH	0.216***	0.217***	0.217***	0.216***	0.216***
	(21.93)	(22.05)	(21.97)	(21.91)	(21.99)
ROA	-0.407***	-0.393***	-0.381***	-0.391***	-0.394***
	(-8.97)	(-8.69)	(-8.39)	(-8.60)	(-8.72)
PPE	0.040**	0.045**	0.047**	0.045**	0.041**
	(2.12)	(2.36)	(2.47)	(2.35)	(2.17)
MEDLEV	-0.126**	0.005	0.085**	0.048	-0.008
	(-2.38)	(0.10)	(1.99)	(1.07)	(-0.18)
DEPAM	-2.527***	-2.496***	-2.481***	-2.492***	-2.500***
	(-11.78)	(-11.70)	(-11.64)	(-11.69)	(-11.71)
RGDP	0.040				
	(0.88)				
RM2	0.459***				
	(8.24)				
HINDEX		0.006***			
		(5.42)			
BINDEX			0.000**		
			(2.03)		
EINDEX				0.001***	
				(3.38)	
CINDEX					-0.004***
					(-8.01)

变量	(1) ΔLEV1	(2) ΔLEV1	(3) ΔLEV1	(4) ΔLEV1	(5) ΔLEV1
Constant	− 0.653 *** (− 12.94)	− 1.209 *** (− 10.53)	− 0.666 *** (− 12.06)	− 0.697 *** (− 12.96)	− 0.253 *** (− 3.68)
行业	控制	控制	控制	控制	控制
年度	未控制	未控制	未控制	未控制	未控制
Observations	13 308	13 308	13 308	13 308	13 308
Adjusted R^2	0.35	0.35	0.35	0.35	0.35

注：括号内为 t 值，*** 、** 、* 分别表示在 1%、5% 和 10% 的水平上显著。

第四节　拓展性分析

一、影响机制分析

前面实证分析得出，税收不确定性显著降低了企业债务融资水平。那么其中的影响机制如何？本书认为税收不确定性加剧了现金流波动性，进而降低了企业债务融资水平，即现金流波动在税收不确定性降低企业债务融资水平中具有中介效应。以下本书借鉴巴伦和肯尼（Baron & Kenny, 1986）的 Sobel 中介因子检验方法，探究税收不确定性是否通过增加现金流波动降低了债务融资水平，设定路径 Path A、Path B、Path C 进行检验：

$$\Delta LEV_{i,t} = \alpha_0 + \alpha_1 CV_{i,t} + \alpha_i \sum Controls_{i,t} + \sum Industry + \sum Year + \varepsilon_{i,t} \tag{4-4}$$

$$STDCF_{i,t} = \sigma_0 + \sigma_1 CV_{i,t} + \sigma_i \sum Controls_{i,t} + \sum Industry + \sum Year + \varepsilon_{i,t} \tag{4-5}$$

$$\Delta LEV_{i,t} = \alpha_0 + \alpha_1 CV_{i,t} + \alpha_2 STDCF_{i,t} + \alpha_i \sum Controls_{i,t} + \sum Industry + \sum Year + \varepsilon_{i,t} \tag{4-6}$$

其中，STDCF 为经营活动现金流除以营业收入（CF）在三年（t − 1 ~ t + 1）内的标准差。中介效应检验过程分为三步：第一步，不加中介因子，检验税收不确定性（CV）对债务融资水平（ΔLEV1、ΔLEV2）的影响，观察模型

（4-4）中的回归系数 α_1；第二步，检验税收不确定性（CV）对现金流波动性（STDCF）的影响，观察模型（4-5）中的回归系数 σ_1；第三步，同时检验税收不确定性（CV）和现金流波动性（STDCF）对债务融资水平（ΔLEV1、ΔLEV2）的影响，观察模型（4-6）中的回归系数 α_1 和 α_2。如果模型（4-4）中的回归系数 α_1 显著，模型（4-5）中的回归系数 σ_1 显著，模型（4-6）中的回归系数 α_2 显著，而 α_1 不再显著，且 Sobel Z 值在统计上显著，说明中介因子具有完全中介效应；如果模型（4-4）中的回归系数 α_1 显著，模型（4-5）中的回归系数 σ_1 显著，模型（4-6）中的回归系数 α_1 和 α_2 都显著，但模型（4-6）中的回归系数 α_1 显著低于模型（4-4）中的回归系数 α_1，且 Sobel Z 值在统计上显著，则说明中介因子具有部分中介效应。

表 4-10 报告了现金流波动性作为税收不确定性对债务融资影响的中介变量的检验结果，实证结果表明，在 Path A 中，税收不确定性（CV）对债务融资（ΔLEV1、ΔLEV2）的回归系数分别为 -0.012 和 -0.011，且分别在 5% 和 1% 水平上显著。在 Path B 中，税收不确定性（CV）对现金流波动性（STDCF）的回归系数为 0.1 且在 1% 的水平上显著为正，说明税收不确定性显著增加了现金流的波动性。在 Path C 将中介因子现金流波动性放入基本模型的检验中，税收不确定性（CV）对债务融资（ΔLEV1、ΔLEV2）的回归系数分别降为 -0.008 和 -0.009。同时，中介因子现金流波动性（STDCF）的回归系数分别为 -0.037、-0.014，且都在 1% 水平上显著。Sobel Z 检验分别为 -4.26 和 -3.66，且在 1% 水平上显著。根据以上实证结果，现金流波动性在税收不确定性对债务融资的影响中具有部分中介效应。

表 4-10　　　　　　　　现金流波动性的中介效应检验

Path A（不含中介因子检验）		
自变量	因变量	
	ΔLEV1	ΔLEV2
CV	-0.012 ** (-1.99)	-0.011 *** (-3.61)
控制变量	控制	控制
年份、行业	控制	控制
观测值	13 308	13 308
Adjusted R^2	0.36	0.21

续表

Path B （中介因子检验）	
自变量	因变量
	CV
STDCF	0.100 ***
	(6.01)
控制变量	控制
年份、行业	控制
观测值	13 308
Adjusted R²	0.26

Path C （包含中介因子检验）		
自变量	因变量	
	ΔLEV1	ΔLEV2
CV	−0.008 *	−0.009 ***
	(−1.78)	(−3.76)
STDCF	−0.037 ***	−0.014 ***
	(−6.14)	(−4.24)
控制变量	控制	控制
年份、行业	控制	控制
观测值	13 308	13 308
Adjusted R²	0.36	0.21
Sobel Z	−4.26	−3.66
Sobel Z 对应的 P 值	0.000	0.000

注：括号内为 t 值，***、**、* 分别表示在 1%、5% 和 10% 的水平上显著。

二、税收不确定性与债务融资成本

本书的假设认为，在金融市场不完美的情况下，税收不确定性的增加会加剧金融市场摩擦，导致更高的股权风险溢价，增加外部融资成本，进而减少了企业债务融资规模。税收不确定性升高时期，由于银行和企业之间的信息不对称程度增加，金融机构不仅会对贷款公司实行更加严格的审查，而且可能提高对企业的抵押品要求或通过提高贷款利率的方式来甄别企业，导致企业贷款成本上升，使公司获得信贷融资的成本变得更加高昂（宋全云等，2019）。因而在进一步研究中，本书探究税收不确定性是否增加了企业债务融资成本。采用实证模型（4-7）进行检验：

$$FINCOST_{i,t} = \lambda_0 + \lambda_1 CV_{i,t} + \lambda_i \sum Controls_{i,t} + \sum Industry + \sum Year + \varepsilon_{i,t}$$

$$(4-7)$$

其中，FINCOST 代表债务融资成本，等于利息费用除以债务总额，CV 代表税收不确定性。控制变量在模型（4-1）的基础上，参考许天启等（2017）、宋全云等（2019）的研究，增加 CITYGDP、CITYEXPEN、CITYINVEST 三个变量，分别代表城市 GDP、城市财政支出、城市固定资产投资用以控制地区产业结构和经济增长因素的影响。表 4-11 报告了税收不确定性对债务融资成本的回归结果，CV 的估计系数均在 1% 的水平上显著为正，说明税收不确定性增加了企业的债务融资成本。

表 4-11　　　　　　　税收不确定性与企业债务融资成本的回归结果

变量	(1) FINCOST	(2) FINCOST
CV	0.003 ***	0.003 ***
	(3.47)	(4.00)
CF	-0.005 ***	-0.004 ***
	(-3.45)	(-2.98)
SIZE	0.003 ***	0.003 ***
	(7.58)	(8.03)
GROWTH	0.001 ***	0.001 ***
	(2.65)	(2.91)
ROA	-0.094 ***	-0.092 ***
	(-12.61)	(-12.69)
PPE	0.035 ***	0.030 ***
	(10.33)	(8.12)
DEPAM	0.087 **	0.130 ***
	(2.19)	(3.25)
CITYGDP	0.001	0.001
	(0.87)	(0.69)

变量	(1) FINCOST	(2) FINCOST
CITYEXPEN	0.003 *	0.003 *
	(1.89)	(1.84)
CITYINVEST	− 0.003 ***	− 0.003 ***
	(− 2.98)	(− 2.64)
Constant	− 0.045 ***	− 0.046 ***
	(− 2.73)	(− 2.81)
行业	未控制	控制
年度	控制	控制
Observations	13 001	13 001
Adjusted R^2	0.20	0.22

注：括号内为 t 值，*** 、** 、* 分别表示在 1%、5% 和 10% 的水平上显著。

三、税收不确定性与债务融资期限

由于我国的金融体系以银行为主导，因此银行信贷是企业的重要外部融资渠道（Gatev & Strahan，2006；Allen et al.，2012；杨道广等，2014）。接下来，本书进一步将企业债务融资界定为银行信贷融资，并区分为短期借款和长期借款，考察税收不确定性对银行信贷期限结构的影响。与长期债务融资方式相比，短期债务融资具有低成本、低风险、高流动性的特点。因此，企业更倾向于采用短期债务融资的方式，以尽量降低融资成本支出（黄小琳等，2015）。并且，长期债务的融资期限通常都在一年及以上，其审批程序比短期债务融资更为复杂，合约签订之后在短时期之内不易发生重大变动（叶勇和张丽，2019）。所以，税收不确定性对企业短期债务融资水平的负向影响可能大于对长期债务融资水平的影响。采用模型（4－8）进行检验：

$$\text{TLOAN}(\text{SLOAN/LLOAN})_{i,t} = \theta_0 + \theta_1 CV_{i,t} + \theta_i \sum \text{Controls}_{i,t} +$$
$$\sum \text{Industry} + \sum \text{Year} + \varepsilon_{i,t} \qquad (4-8)$$

其中，TLOAN 等于长期借款增加额与短期借款增加额之和除以滞后一期总资产，SLOAN 为短期借款增加额除以滞后一期总资产，LLOAN 为长期借款增加额除以滞后一期总资产。回归结果报告在表 4 - 12 中。第 （1） 列中 CV 的系数为 - 0.008，且在 1% 水平上显著，说明税收不确定性显著降低了企业获得的银行信贷总额；在第 （2） 列中，CV 的系数为 - 0.010，且在 1% 水平上显著，而在第 （3） 列中，CV 的系数为 0.001，但在统计上不显著。以上结果说明，税收不确定性对银行信贷融资的影响主要是降低了企业的短期借款总额，而对长期借款总额无显著影响。

表 4 - 12 税收不确定性与企业债务融资期限的回归结果

变量	（1） TLOAN	（2） SLOAN	（3） LLOAN
CV	- 0.008 *** （ - 2.70）	- 0.010 *** （ - 5.41）	0.001 （0.44）
CF	- 0.085 *** （ - 10.88）	- 0.045 *** （ - 10.20）	- 0.036 *** （ - 6.70）
SIZE	0.014 *** （15.01）	0.007 *** （12.98）	0.007 *** （11.13）
GROWTH	0.074 *** （16.99）	0.038 *** （14.62）	0.031 *** （12.79）
ROA	- 0.150 *** （ - 7.11）	- 0.098 *** （ - 6.05）	- 0.053 *** （ - 4.03）
PPE	0.050 *** （4.79）	0.037 *** （5.91）	0.013 ** （2.06）
MEDLEV	- 0.115 *** （ - 2.88）	- 0.053 ** （ - 2.00）	- 0.051 ** （ - 2.13）
DEPAM	- 1.114 *** （ - 10.19）	- 0.598 *** （ - 8.66）	- 0.460 *** （ - 7.32）
Constant	- 0.259 *** （ - 8.24）	- 0.121 *** （ - 6.29）	- 0.125 *** （ - 6.63）
行业	控制	控制	控制
年度	控制	控制	控制
Observations	13 308	13 308	13 308
Adjusted R^2	0.21	0.13	0.14

注：括号内为 t 值，*** 、** 、* 分别表示在 1% 、5% 和 10% 的水平上显著。

四、区分不同地区、企业规模和行业的影响

按经济发展水平将我国省份划分为东部、中部、西部地区，划分标准同第三章。把企业所在地区按东部和中西部分为两组，考察税收不确定性对不同经济地区企业债务融资规模的影响。相对于东部地区，中西部地区面临的税收不确定性更高，因此税收不确定性对企业债务融资规模的负向影响更显著。表 4 – 13 的检验结果表明，当以 $\Delta LEV1$ 为被解释变量时，东部地区税收不确定性（CV）的系数为 – 0.001，不显著，中西部地区税收不确定性（CV）的系数为 – 0.027，在 1% 水平上显著。组间系数差异检验的 P 值为 0.0249，在 5% 水平上显著；当以 $\Delta LEV2$ 为被解释变量时，东部地区税收不确定性（CV）的系数为 – 0.008，在 5% 水平上显著，中西部地区税收不确定性（CV）的系数为 – 0.015，在 1% 水平上显著。组间系数差异检验的 P 值为 0.2451，不显著。以上结果总体上表明，税收不确定性对中西部地区企业债务融资规模的负向影响更显著。

表 4 – 13　　税收不确定性对不同地区企业债务融资规模的回归结果

变量	(1) $\Delta LEV1$	(2) $\Delta LEV1$	(3) $\Delta LEV2$	(4) $\Delta LEV2$
	东部地区	中西部地区	东部地区	中西部地区
CV	– 0.001	– 0.027 ***	– 0.008 **	– 0.015 ***
	(– 0.12)	(– 3.68)	(– 2.57)	(– 3.73)
CF	– 0.103 ***	– 0.031 **	– 0.107 ***	– 0.058 ***
	(– 10.23)	(– 1.97)	(– 19.13)	(– 6.73)
SIZE	0.033 ***	0.042 ***	0.015 ***	0.022 ***
	(16.15)	(14.05)	(12.94)	(13.24)
GROWTH	0.214 ***	0.220 ***	0.071 ***	0.080 ***
	(57.05)	(47.33)	(34.13)	(31.01)
ROA	– 0.284 ***	– 0.595 ***	– 0.118 ***	– 0.219 ***
	(– 5.89)	(– 9.65)	(– 4.40)	(– 6.41)
PPE	0.035	0.019	0.053 ***	0.034 **
	(1.52)	(0.68)	(4.23)	(2.16)

变量	(1) ΔLEV1	(2) ΔLEV1	(3) ΔLEV2	(4) ΔLEV2
	东部地区	中西部地区	东部地区	中西部地区
MEDLEV	-0.363 *** (-4.98)	-0.077 (-0.74)	-0.133 *** (-3.27)	-0.079 (-1.38)
DEPAM	-2.482 *** (-10.92)	-2.397 *** (-7.91)	-1.149 *** (-9.08)	-1.356 *** (-8.09)
Constant	-0.555 *** (-9.12)	-0.885 *** (-8.01)	-0.244 *** (-7.20)	-0.433 *** (-7.08)
行业	控制	控制	控制	控制
年度	控制	控制	控制	控制
Observations	8 461	4 847	8 461	4 847
Adjusted R^2	0.34	0.38	0.20	0.24

注：括号内为 t 值，*** 、** 、* 分别表示在 1%、5% 和 10% 的水平上显著。

把企业资产规模三等分，按大规模和中小规模将企业划分为两组，考察税收不确定性对不同规模企业债务融资规模的影响。相对于大规模企业，中小规模企业信息不对称程度会更高，更容易受到外部融资溢价的冲击，面临的融资约束也更大（谭小芬和张文婧，2017），并且中小企业面临的税收不确定性也比大企业高，因此，税收不确定性对中小规模企业的债务融资规模影响更大。表 4-14 的检验结果表明，当以 ΔLEV1 为被解释变量时，大规模企业的税收不确定性（CV）系数是 0.019，且在 10% 水平上显著，中小规模企业的税收不确定性（CV）系数是 -0.033，且在 1% 水平上显著。分组差异检验系数的 P 值为 0.0009，在 1% 水平上显著；当以 ΔLEV2 为被解释变量时，大规模企业的税收不确定性（CV）系数是 -0.003，且不显著，中小规模企业的税收不确定性（CV）系数是 -0.019，且在 1% 水平上显著。分组差异检验系数的 P 值为 0.0425，在 5% 水平上显著。以上结果说明，税收不确定性对企业债务融资规模的抑制作用在中小规模企业中更大。

将企业所在行业分为高科技行业和传统行业（潘越，2015），考察税收不确定性对不同行业企业债务融资规模的影响。相对于传统行业，高科技行业可以享受国家更多的产业政策的支持，尤其是税收政策上，税收优惠政策种类繁多，且变化较为频繁。并且税收优惠多为税基式优惠，不透明程度高，碎

表 4 - 14   税收不确定性对不同规模企业债务融资规模的回归结果

变量	(1) ΔLEV1	(2) ΔLEV1	(3) ΔLEV2	(4) ΔLEV2
	大规模企业	中小规模企业	大规模企业	中小规模企业
CV	0.019 *	− 0.033 ***	− 0.003	− 0.019 ***
	(1.95)	(− 7.05)	(− 0.45)	(− 7.32)
CF	− 0.133 ***	− 0.046 ***	− 0.115 ***	− 0.075 ***
	(− 8.52)	(− 4.60)	(− 13.02)	(− 13.68)
GROWTH	0.282 ***	0.182 ***	0.100 ***	0.062 ***
	(52.91)	(53.41)	(33.32)	(32.73)
ROA	− 0.289 ***	− 0.388 ***	− 0.262 ***	− 0.115 ***
	(− 3.03)	(− 9.70)	(− 4.86)	(− 5.18)
PPE	0.030	0.073 ***	0.058 ***	0.056 ***
	(0.96)	(3.49)	(3.23)	(4.85)
MEDLEV	− 0.034	− 0.199 ***	− 0.093	− 0.052
	(− 0.26)	(− 2.96)	(− 1.23)	(− 1.39)
DEPAM	− 2.864 ***	− 2.558 ***	− 1.711 ***	− 1.107 ***
	(− 8.12)	(− 12.30)	(− 8.58)	(− 9.62)
Constant	0.055	0.142 ***	0.105 **	0.059 **
	(0.72)	(2.93)	(2.46)	(2.20)
年度	控制	控制	控制	控制
行业	控制	控制	控制	控制
Observations	4 436	8 872	4 436	8 872
Adjusted R^2	0.44	0.28	0.27	0.14

注：括号内为 t 值，*** 、** 、* 分别表示在 1%、5% 和 10% 的水平上显著。

片化现象严重，税收不确定性更高，因此税收不确定性可能对高科技行业企业债务融资的抑制作用更强。表 4 - 15 的检验结果表明，在以 ΔLEV1 为被解释变量时，高科技行业税收不确定性（CV）的系数为 - 0.021，且在 1% 水平上显著；传统行业税收不确定性（CV）的系数为 0.008，且不显著。分组系数差异检验的 P 值为 0.0184，在 5% 水平上显著；在以 ΔLEV2 为被解释变量时，高科技行业税收不确定性（CV）的系数为 - 0.013，且在 1% 水平上显著；传统行业税收不确定性（CV）的系数为 - 0.004，且不显著。分组系数差异检验的 P 值为 0.1287，且不显著。以上结果总体表明，税收不确定性对高科技行业企业债务融资规模的负向影响更大。

表 4 – 15　税收不确定性对高科技行业和传统行业企业债务融资的回归结果

变量	(1) ΔLEV1	(2) ΔLEV1	(3) ΔLEV2	(4) ΔLEV2
	高科技行业	传统行业	高科技行业	传统行业
CV	-0.021 ***	0.008	-0.013 ***	-0.004
	(-4.31)	(0.95)	(-4.78)	(-0.89)
CF	-0.022 *	-0.093 ***	-0.076 ***	-0.092 ***
	(-1.66)	(-7.93)	(-9.87)	(-14.56)
SIZE	0.031 ***	0.043 ***	0.013 ***	0.022 ***
	(16.17)	(14.97)	(12.21)	(14.06)
GROWTH	0.235 ***	0.203 ***	0.080 ***	0.071 ***
	(61.25)	(44.96)	(36.33)	(29.15)
ROA	-0.507 ***	-0.332 ***	-0.174 ***	-0.123 ***
	(-12.09)	(-4.53)	(-7.20)	(-3.10)
PPE	0.018	0.053 **	0.055 ***	0.077 ***
	(0.83)	(2.12)	(4.28)	(5.74)
MEDLEV	-0.015	-0.063 *	0.010	-0.075 ***
	(-0.25)	(-1.72)	(0.29)	(-3.84)
DEPAM	-2.409 ***	-2.401 ***	-1.186 ***	-1.264 ***
	(-11.30)	(-7.62)	(-9.65)	(-7.44)
Constant	-0.616 ***	-0.910 ***	-0.264 ***	-0.444 ***
	(-12.44)	(-12.52)	(-9.25)	(-11.34)
年度	控制	控制	控制	控制
行业	未控制	未控制	未控制	未控制
Observations	7 994	5 314	7 994	5 314
Adjusted R^2	0.37	0.34	0.19	0.22

注：括号内为 t 值，*** 、** 、* 分别表示在 1%、5% 和 10% 的水平上显著。

第五节　本章主要结论

本章使用企业所得税有效税率的波动作为税收不确定性的代理指标，利用 2007~2017 年沪深 A 股上市企业，实证研究了税收不确定性对企业债务融资决策的影响，研究结果表明：（1）税收不确定性与企业债务融资规模显著负相关，税收不确定性越高时，企业债务融资的规模越小。（2）在企业融资约束程度越高、市场需求越弱的情况下，税收不确定性对企业债务融资规模的负向影响更为显著。区分企业所处地区、规模和行业后，发现税收不确定性对中西部行业、中小规模企业和高新技术行业的企业债务融资规模的负向影响更显著。（3）机制检验表明，税收不确定性通过加大企业现金流的波动性，增加了企业破产风险，从而降低了债务融资水平。（4）在信贷成本方面，税收不确定性提高了企业的债务融资成本；在信贷期限方面，税收不确定性降低了企业短期信贷融资规模，但对长期信贷融资水平无显著影响。

本章的研究具有重要的理论与现实意义。第一，本章首次考察了税收不确定性对企业债务融资行为的影响，提供了税收不确定性影响企业债务融资的经验证据，为经济政策不确定性的经济后果和企业融资行为影响因素研究提供了重要补充。第二，本章的研究结论对于政府制定和评估税收政策的有效性提供了政策启示。不仅税负会影响企业融资决策，税收政策的不稳定性、复杂性和税收执法随意性等导致的税收不确定性同样会显著影响企业的融资决策。对此，政府决策部门应给予充分重视。在应用税收政策工具调控宏观经济时，除了应该关注税收政策本身的作用，更应该关注税收政策的不确定性给市场和经济主体行为带来的不利影响。政府尽量保持税收政策的连续性、稳定性、可预见性和透明度。若依据经济发展形势的需要，不得不对税收政策适当调整时，也应尽量稳定市场对税收政策的预期，给予投资者和纳税人充分的适应时间，以尽可能降低政策不确定性带来的风险。第三，本章的实证结论表明，税收不确定性通过降低银行的信贷配给恶化了企业外部融资环境，加剧企业面临的融资约束。融资约束程度越高、外部需求越低的企业，税收不确定性对债务融资的负向影响更显著。因此，政府在政策制定和调整过程中，还应考虑企业异质性特征，区别对待各类企业。尤其要关注中小企业的发展，努力保持政策的持续性和稳定性。

第五章

税收不确定性影响企业投资
行为的实证分析

　　投资决策无疑是企业最为重要的财务决策，其不仅是企业扩大再生产、实现成长壮大的重要推动力，也是从根本上保证企业未来获得持续稳定现金流的重要基础，关乎企业的盈利能力、经营风险及健康持续发展。同时，企业的有效投资也在促进经济增长并提升经济增长质量和效益方面发挥着关键作用。近年来，我国实体经济低迷不振、固定资产投资率持续性下滑，虚拟经济背离实体经济的现象成为政府部门和学界关注的焦点。以我国主板市场上的实体企业为例，自 2006 年之后，实体企业的投资率开始不断下降（张成思和刘贯春，2018）。虽然国家实施了一系列促进实业投资的宽松财政、货币政策等措施，但投资下滑状况似乎并没有得到明显的改善。而与实业投资下滑形成鲜明对比的是，大量实体企业资金流向了金融业，企业对金融渠道获利的依赖程度正在不断加强（刘贯春等，2018）。虽然从企业利润最大化的角度出发，其投融资决策以企业投资收益为主导具有一定合理性，但是如果实业部门所有企业都不顾自己的主业而去做金融投资，久而久之，经济的"脱实向虚"对整个国家而言就会构成真正的"灰犀牛"（陆磊，2017）。

　　为何实体经济在政府不断出台提振经济的调控政策下仍然持续低迷？学者们开始尝试从经济政策不确定性的视角来分析资金"脱实向虚"、企业投资持续下滑的原因及政策变动对其的影响。关于税收政策对企业投资的影响，现有研究主要是从企业平均税负或者税收政策调整前后的角度切入，发现税负的变化会显著影响企业投资（Cummins et al., 1992, 1994; House & Shapiro, 2008; Zwick & Mahon, 2017; 聂辉华等，2009; 毛德凤等，2016）。然而，迄今为止，鲜有研究考察税收的不确定性如何作用于企业投资活动，其是否是造成实体企业投资下滑的诱致因素之一？纽曼（2011）指出，不确定的税收政策加大了企业投资的风险，忽视税收的不确定性会误导投资者做出错误的投资决策。因此，研究税收不确定性如何影响企业投资行为及其作用机理，不仅有助于我们深化对税收政策影响实体经济发展作用机制的认识，也可为全面考察税收政策作为宏观经济调控工具的真实效果提供一个新的理论研究视角。

第一节　研究假设

本书认为，一方面，税收不确定性可能会通过改变企业投资的预期边际价值和等待的期权价值来影响企业投资；另一方面，税收不确定性可能会通过增加企业外部融资成本，恶化企业面临的融资约束程度，进而降低企业的投资规模。

从企业管理层的角度来看，依据实物期权理论，税收不确定性的提高增加了企业管理者对未来现金流预测的难度，从而影响了他们对企业未来盈利的预期。如果税收政策调整较为频繁而又未给企业留有充分的反应时间，则企业在把握政策走向和政策执行强度方面的难度就会提高。税法的复杂性和模糊性也加大了企业进行资本预算管理的难度，降低了企业预测未来现金流的准确性。为了尽量规避风险和降低交易成本，企业在投资决策时往往会更加谨慎，并在税收政策明朗后再做酌情调整。税收不确定性越高，企业投资风险就越大。例如，当企业预期到即将出台加速折旧政策时将推迟投资以享受将来折旧抵税带来的好处。而与政策有关的消息从发出到政策出台，以及最终实施可能要经历相当长的一段时期。此外，我国出台了大量带有较强结构性偏向的区域性和行业性税收优惠政策，这些行业或地区的企业通常投资回报率都较低，企业对这些行业或地区的投资主要是想获得税收优惠的好处（龚旻等，2018）。而一旦税收优惠政策退出，企业的投资收益率可能就会迅速下降。由此，倘若税收政策尤其是地方性税收优惠政策不确定性较大，企业往往会在做出投资决策时犹豫不决，从而可能使企业在短期内的投资支出减少。

从债权人和外部投资者的角度来看，税收不确定性上升提高了银行和外部投资者对风险溢价的预期，增加了不完美资本市场中面临融资约束企业的外部融资成本，可能迫使企业由于资金成本的压力而降低投资支出。税收不确定性增大了企业的股权和期限的风险溢价（Sialm，2006；Croce et al.，2016），提高了股价波动性（Brown et al.，2017）。资产价格的波动通过资金价格机制增加了企业外部融资成本。当税收不确定性加大时，作为债权人的银行会变得更为谨慎，导致贷款额度下降和贷款利率上升，降低了企业债务融资的可获得性。因此，税收不确定性可能会通过增加企业资金成本，加剧企业面临的融资约束从而间接降低企业投资支出。

概而言之，一方面，税收不确定性可以直接影响企业投资成本，使企业推迟投资的等待价值更高，促使企业变得更加谨慎从而缩减投资规模；另一方面，税收不确定性上升可能推高了面临融资约束企业的外部融资成本，从而间接地减少企业投资。因此，提出本部分第一个研究假设：

H5 -1：税收不确定性与企业投资规模显著负相关，税收不确定性越高，企业投资规模越小。

企业投资不仅取决于投资机会，还会受制于企业面临的融资约束程度的影响。当企业不能完全依靠内部资金为投资提供充足资金，而必须通过外部融资来满足剩余资金需求时，就会面临更高的资金成本，从而使企业可能放弃具有正的净现值的投资项目（Fazzari et al.，1988）。而当融资可获得性较大、融资约束程度较低时，企业则无须在现在和未来投资之间进行权衡，企业的谨慎性行为也会大大降低。当同时存在不确定性和融资约束时，企业资本边际产出和融资成本间的差距被进一步扩大。融资约束不仅会在短期内增加公司投资的边际成本（刘康兵和申朴，2018），即使当不确定缓解消散时，企业也无法获得充足的资金来满足被压抑的投资需求，从而放大了不确定性的抑制作用（谭小芬和张文婧，2017）。坎佩洛等（Campello et al.，2011）发现，在不确定性高的危机时期，融资约束程度更高的企业的投资支出呈现更大幅度的下降。存在融资约束的企业本来就面临较高的融资成本，不断上升的税收不确定性更加剧了企业面临的融资紧张程度。同融资约束程度较低的企业相比，税收不确定性对企业投资的负向影响在融资约束程度高的企业更显著。据此，提出本部分的第二个研究假设：

H5 -2：税收不确定性的影响在面临不同融资约束程度的企业是有差异的，税收不确定性对融资约束程度更高的企业的投资抑制作用更强。

实物期权理论以固定的调整成本和等待的期权价值为核心，资本具有不可逆性是应用实物期权理论的关键假设。大量研究指出，投资对于不确定性风险的敏感程度受资本不可逆程度的影响（Pindyck，1991；Gulen & Ion，2016；李凤羽和杨墨竹，2015；谭小芬和张文婧，2017）。不确定性的上升增大了企业未来投资机会的期权价值使得等待的回报更大，促使企业主动推迟并缩减投资支出。这种等待的期权价值与资本的不可逆程度显著相关，资本不可逆程度越高，则等待的期权价值越大。资本不可逆程度越高代表资产的变现能力越差，在企业陷入财务困境时难以通过资产变现而快速摆脱困境（Caballero，1991；Bloom，2009；刘贯春等，2019）。如果一个公司能够无须任何代价就可以收回投资，即投资项目完全可逆，则其没有动机等待更多信息的披露，企业投资水平将不受不确定性的影响。相反，如果投资项目不可逆，则不可逆程度高的企业在投资项目失败的情况下将会更难变现资本，因此在做出投资决策时会更为谨慎，并且税收不确定性还可能会增大这种资本的不可逆性。相对于资本不可逆程度低的企业，税收不确定性对企业投资的负向影响在资本不可逆程度高的企业更显著。因此，提出本部分第三个研究假设：

H5-3：税收不确定性的影响在资本不可逆程度不同的企业是有差异的，税收不确定性对企业资本不可逆程度更高的公司的投资抑制作用更强。

市场化是指由政府管制型经济制度向市场型经济制度的转变过程。党的十一届三中全会以来，我国逐步由计划经济体制转变为市场经济体制，市场化进程大大加快。市场化改革的持续推进从投资者保护、法律保护、金融发展等方面改善了微观企业的生产经营环境、提升了企业的生产效率及资源配置效率（Ellul et al.，2010；孔东民等，2014）。投资决策作为企业财务政策的重要环节，必然受到其所处区域市场化环境的影响。通常情况下，市场化发展程度较高地区企业的投资机会更多、投资需求更高（樊纲等，2011）。同时，市场化水平也是税收发挥作用的重要外在环境。从法律制度环境的视角看，一个地区的法治化水平越高、腐败程度越低、权力使用越透明，税收透明度就越高（陈隆近等，2017）。法制越规范，执法力度越强，灰色收入、隐形经济的规模越小，税收的规制力度越大，相应地，税收的确定性程度也越高。当企业处于不同的区域市场化进程环境时，税收不确定性对上市公司投资决策的影响具有一定的差异性。相较于市场化程度较高地区的企业，税收不确定性对处于市场化程度较低地区企业的投资抑制作用更大，因此，提出本部分第四个研究假设：

H5-4：税收不确定性的影响在不同市场化程度的企业是有差异的，税收不确定性对市场化程度更低的企业的投资抑制作用更强。

第二节 研究设计

一、样本选择与数据来源

本部分仍然选择 2007～2017 年在中国沪深 A 股上市的公司年度数据作为研究样本。按照以下标准对样本进行筛选：（1）鉴于金融行业公司财务报表的特殊性，将金融行业公司剔除；（2）剔除 ST 和 PT 公司样本；（3）删除数据存在缺失的样本。经过对样本进行筛选，本部分最终得到了 13969 个公司—年度观测值。本部分的研究数据均来自国泰安 CSMAR 数据库，同时为了降低异常值导致的回归结果偏差，对所有的连续型变量均进行了上下 1% 的 Winsorize 处理。

二、变量定义

1. 解释变量：税收不确定性（CV）。本部分仍然使用企业当年及滞后四年的企业所得税实际税率标准差除以连续五年的实际税率平均值来度量税收不确定性水平。

2. 被解释变量：企业投资（INV1/INV2）。基于理查德森（Richardson，2006）关于投资的定义，即新投资等于总投资减去维护所需的某种程度的投资。本书使用企业资本支出与总资产的比值来度量企业投资，具体而言采用两种方式来衡量，INV1 等于（企业购置固定资产、无形资产和其他长期资产所支出的现金净额 – 处置固定资产、无形资产和其他长期资产收回的现金净额）除以期末总资产；INV2 等于（企业购建固定资产、无形资产及其他长期资产所支出的现金净额 + 取得子公司及其他营业单位支付的现金净额 – 处置固定资产、无形资产和其他长期资产所收回的现金净额 – 固定资产折旧 – 无形资产摊销）除以期末总资产。

3. 调节变量。融资约束（KZ）。本部分仍然使用卡普兰和津加莱斯（Kaplan & Zingales，1997）、拉蒙特等（Lamont et al.，2001）构造的融资约束 KZ 指数（KZ）代表企业面临的融资约束程度，该指标越大代表企业面临的融资约束程度越高。

资本不可逆程度（PE）。参考李凤羽和杨墨竹（2015）、谭小芬和张文婧（2017），以固定资产占比（PE）度量资本不可逆程度，该指标越高代表资本不可逆程度越高。按照行业—年度中位数将样本分为高低两组，高于行业—年度中位数的样本即为资本不可逆程度高的企业，低于行业—年度中位数的样本则为资本不可逆程度低的企业。

市场化程度（MARKET）。采用王小鲁等（2018）按地区计算的市场化总指数得分（MARKET）衡量企业所处地区的市场化程度，该指标越大代表该地区市场化程度越高。使用年度—行业中位数将市场化程度指数（MARKET）分为高低两组，高于行业—年度中位数的样本即为处于市场化程度高的地区的企业，低于行业—年度中位数的样本则为处于市场化程度低的地区的企业。

4. 控制变量。根据已有文献（Whited，2006；李凤羽和杨墨竹，2015；Jacob，2019），本书控制了其他影响公司投资的因素。具体而言，本书使用企业经营活动现金流净额与总资产的比值来衡量企业现金流（CF），控制企业资金来源（Gulen & Ion，2016）。使用托宾 Q（Q）作为投资机会的代理变量，等于（股票的总市值 + 债务账面价值）除以总资产账面价值。其中，股票总市值包括流通市值和非流通市值。公司流通市值等于公司股票价格乘以流通股份数，非流通市值等于每股净资产乘以非流通股份数。以总负债和总资产分别表示债务账面价值和总资产账面价值。托宾 Q 取滞后 1 期值，用以控制公司的投资机会。由于企业投资回报的不确定性增加会降低投资活动，因此对企业税后现金流波动率（CFVOL）进行控制（Stein & Stone，2013），等于企业经营现金流当年及滞后四年的标准差。股票收益波动率（REVOL）控制企业面临宏观层面的经济不确定性，等于企业股票年度收益率当年及滞后四年的标准差。营业收入增长率（GROWTH）作为企业成长性代理变量，借鉴法萨里等（Fazssari et al.，1988），本书使用营业收入的年度同比增长率衡量企业对未来销售增长率的预期。资产负债率（LEV）。债务杠杆率高的公司，流动性就会受到限制，企业可自由支配的自有资金就会减少，因此企业的资本结构也会对投资行为产生一定的影响。资产回报率（ROA）控制当前盈利水平的影响。由于企业的规模（SIZE）可能与企业的融资能力相关并在此基础上影响投资，本书用总资产取自然对数来度量上市公司规模。最后，控制了年度和行业效应。变量定义如表5 – 1所示。

表5-1   变量定义

变量名称	变量符号	变量定义
企业投资	INV1	（购置固定资产、无形资产和其他长期资产支出的现金净额 - 处置固定资产、无形资产和其他长期资产收回的现金净额）除以总资产
企业投资	INV2	（购建固定资产、无形资产及其他长期资产的支出 + 取得子公司及其他营业单位支付的现金净额 - 处置固定资产、无形资产和其他长期资产收回的现金净额 - 固定资产折旧 - 无形资产摊销）除以总资产
税收不确定性	CV	企业所得税实际税率当年及滞后四年的变异系数
经营现金流	CF	经营活动现金流量除以年末总资产
现金流波动性	CFVOL	经营现金流当年及滞后四年的标准差
成长性	GROWTH	当年度营业收入相对于上一年度的增加额除以当年度营业收入
投资机会	Q	（每股价格×流通股份数 + 每股净资产×非流通股份数 + 负债账面价值）除以总资产
股票收益波动率	REVOL	年度股票收益率当年及滞后四年的标准差
盈利能力	ROA	等于当年度净利润除以年末总资产
资产负债率	LEV	总负债除以总资产
公司规模	SIZE	年末总资产加 1 取自然对数
融资约束	KZ	借鉴卡普兰和津加莱斯（1997）和拉蒙特等（2001）方法计算 KZ 指数 = - 5.845631×经营性现金流 - 2.465899×现金持有 - 46.40728×现金股利 + 4.193729×资产负债率 + 0.2923532×托宾 Q
市场化指数	MARKET	采用王小鲁等（2018）按地区计算的市场化总指数得分衡量
资本不可逆性	PPE	年末固定资产除以当年末总资产
行业	INDUSTRY	行业哑变量
年份	YEAR	年份哑变量

三、模型设定

首先，根据 H5-1 论证税收不确定性对企业投资水平的影响，采用模型（5-1）进行检验：

$$INV_{i,t} = \alpha_0 + \alpha_1 CV_{i,t} + \alpha_i \sum Controls_{i,t} + \sum Industry + \sum Year + \varepsilon_{i,t}$$

$$(5-1)$$

其中，α_i 为估计系数，ε 为残差，Controls 为控制变量组，其他变量定义见表 5-1。依据 H5-1，税收不确定性会降低企业资本投资水平，因而预期 α_1 显著为负。

其次，为验证 H5-2（即税收不确定性对企业投资的影响在融资约束程度不同的公司之间的差异），采用模型（5-2）进行检验：

$$INV_{i,t} = \beta_0 + \beta_1 CV_{i,t} + \beta_2 CV_{i,t} \times KZ_{i,t} + \beta_3 KZ_{i,t} + \beta_i Controls_{i,t} +$$
$$\sum Industry + \sum Year + \varepsilon_{i,t} \qquad (5-2)$$

模型（5-2）在基准模型（5-1）的基础上加入了企业融资约束（KZ）以及税收不确定性（CV）与企业融资约束（KZ）的交乘项（CV×KZ）。根据假设 H5-2，与融资约束程度较低的企业相比，税收不确定性对企业投资水平的负向影响在融资约束程度较高的企业更为严重，因而预期融资约束程度（KZ）与税收不确定性（CV）的交乘项系数 β_2 显著为负。

再次，为验证 H5-3（即税收不确定性对企业投资的影响在资本不可逆程度不同的公司之间的差异），采用模型（5-3）进行检验：

$$INV_{i,t} = \sigma_0 + \sigma_1 CV_{i,t} + \sigma_2 CV_{i,t} \times PE_{i,t} + \sigma_3 PE_{i,t} + \sigma_i \sum Controls_{i,t} +$$
$$\sum Industry + \sum Year + \varepsilon_{i,t} \qquad (5-3)$$

模型（5-3）在基准模型（5-1）的基础上加入了企业资本不可逆程度（PE）以及税收不确定性（CV）与企业资本不可逆程度（PE）的交乘项（CV×PE）。根据 H5-3，与资本不可逆程度较低的企业相比，税收不确定性对企业投资水平的负向影响在资本不可逆程度较高的企业更为严重，因而预期资本不可逆程度（PE）与税收不确定性（CV）的交乘项系数 σ_2 显著为负。

最后，为验证 H5-4（即税收不确定性对企业投资的影响在市场化程度不同的公司之间的差异），采用模型（5-4）进行检验：

$$INV_{i,t} = \mu_0 + \mu_1 CV_{i,t} + \mu_2 CV_{i,t} \times MARKET_{i,t} + \mu_3 MARKET_{i,t} +$$
$$\mu_i \sum Controls_{i,t} + \sum Industry + \sum Year + \varepsilon_{i,t} \qquad (5-4)$$

模型（5-4）在基准模型（5-1）的基础上加入了企业市场化程度

（MARKET）以及税收不确定性与企业市场化程度的交乘项（CV × MAR-KET）。根据 H5 - 4，与市场化程度较低的企业相比，税收不确定性对企业投资规模的负向影响在市场化程度较高的企业会得到缓解，因而预期市场化程度（MARKET）与税收不确定性（CV）的交乘项系数 μ_2 显著为正。

第三节　实证结果分析

一、描述性统计

表 5 - 2 报告了全样本主要变量的描述性统计结果。由表 5 - 2 可知，上市公司投资规模（INV1）的均值是 0.046，上市公司投资规模（INV2）的均值为 0.032，两个投资指标变量的标准差分别为 0.047 和 0.055，说明样本公司的投资规模差异较大。税收不确定性（CV）的均值（中位数）是 0.534（0.378），标准差是 0.464，说明企业所得税实际税率确实具有一定的波动性。就控制变量来看，公司经营性现金流（CF）的均值为 0.047，公司成长性（GROWTH）的均值为 0.217，公司投资机会（Q）的均值为 2.082，资产负债率（LEV）的均值为 0.483，公司规模（SIZE）的均值为 22.34，其他控制变量的描述性统计数值也与前人研究较为接近。

表 5 - 2　　　　　　　　　　　　描述性统计

变量	样本量	均值	标准差	最小值	P25	中位数	P75	最大值
INV1	13 969	0.046	0.047	- 0.033	0.012	0.032	0.066	0.225
INV2	11 444	0.032	0.055	- 0.072	- 0.002	0.017	0.053	0.248
CV	13 969	0.534	0.464	0.032	0.180	0.378	0.749	2.167
CF	13 969	0.047	0.076	- 0.189	0.005	0.045	0.090	0.263
CFVOL	13 969	0.056	0.040	0.008	0.028	0.045	0.070	0.231
GROWTH	13 969	0.217	0.567	- 0.546	- 0.019	0.117	0.283	4.124
Q	13 969	2.082	1.898	0.201	0.814	1.519	2.653	10.81
REVOL	13 969	0.030	0.010	0.013	0.023	0.028	0.036	0.057
ROA	13 969	0.039	0.053	- 0.172	0.013	0.034	0.062	0.201

续表

变量	样本量	均值	标准差	最小值	P25	中位数	P75	最大值
LEV	13 969	0.483	0.201	0.073	0.328	0.487	0.637	0.922
SIZE	13 969	22.34	1.266	19.74	21.45	22.18	23.08	26.06
PPE	13 969	0.241	0.178	0.002	0.101	0.205	0.348	0.750
KZ	13 969	1.273	2.423	-96.53	0.505	1.537	2.380	21.66
MARKET	13 969	7.701	1.843	2.870	6.420	7.880	9.300	10.29

二、相关性分析

表 5 - 3 报告了主要变量间的 Pearson 相关系数。税收不确定性（CV）与企业投资规模（INV1 和 INV2）均在 1% 水平上显著负相关。以上结果说明税收不确定性显著降低了企业投资规模，与 H5 - 1 的预期相符。自变量与控制变量以及控制变量之间的相关系数基本都在 0.5 以下，说明本模型不存在严重的多重共线性问题。接下来，本章的余下部分将控制其他影响因素，通过多元回归分析来检验税收不确定性对企业投资行为的影响。

三、多元回归分析

（一）税收不确定性与企业投资水平

为验证 H5 - 1，利用模型（5 - 1）进行回归，结果见表 5 - 4。表 5 - 4 报告了检验税收不确定性对企业投资规模影响的回归结果。其中，第（1）列、第（3）列报告了仅控制年度虚拟变量的结果，第（2）列、第（4）列报告了同时控制年份和行业虚拟变量的结果，第（1）列、第（2）列的被解释变量为企业投资（INV1），第（3）列、第（4）列的被解释变量为企业投资（INV2）。由实证结果可知，当被解释变量为 INV1，税收不确定性（CV）的系数分别为 - 0.005、- 0.009，且均在 1% 水平上显著。以 INV2 为被解释变量时，税收不确定性（CV）的系数分别为 - 0.013、- 0.015，且均在 1% 水平上显著。以上结果说明税收不确定性与企业投资水平负相关，税收不确定性越高，企业投资水平越低，H5 - 1 得到验证。

表5-3

相关性分析

变量	(1)	(2)	(3)	(4)	(5)	(6)	(7)	(8)	(9)	(10)	(11)
INV1 (1)	1										
INV2 (2)	0.788***	1									
CV (3)	-0.104***	-0.142***	1								
CF (4)	0.213***	0.095***	-0.167***	1							
CFVOL (5)	-0.117***	-0.063***	0.135***	-0.102***	1						
GROWTH (6)	0.021**	0.132***	0.041***	0.017**	0.085***	1					
Q (7)	0.023*	0.156***	0.066	0.077***	0.069***	0.152***	1				
REVOL (8)	-0.028***	-0.018*	0.101***	-0.023***	0.066***	0.047***	0.110***	1			
ROA (9)	0.117***	0.161***	-0.371***	0.387***	-0.006	0.169***	0.273***	-0.088***	1		
LEV (10)	-0.034***	-0.060***	0.162***	-0.184***	0.121***	0.049***	-0.453***	-0.013	-0.377***	1	
SIZE (11)	0.064***	0.086***	-0.214***	0.001	-0.111***	0.052***	-0.430***	-0.226***	0.024***	0.406***	1

注: ***、**、*表示1%、5%、10%的显著性水平。

表 5－4　　　　　　　　　税收不确定性与企业投资水平

变量	（1）INV1	（2）INV1	（3）INV2	（4）INV2
CV	－0.005 ***	－0.009 ***	－0.013 ***	－0.015 ***
	（－3.68）	（－6.79）	（－7.53）	（－8.75）
CF	0.114 ***	0.082 ***	0.035 ***	0.015 *
	（14.97）	（11.15）	（4.36）	（1.83）
CFVOL	－0.124 ***	－0.050 ***	－0.072 ***	－0.028 *
	（－8.10）	（－3.50）	（－4.46）	（－1.70）
GROWTH	0.001 *	0.002 ***	0.008 ***	0.008 ***
	（1.84）	（2.58）	（6.70）	（6.97）
Q	0.002 ***	0.002 ***	0.006 ***	0.005 ***
	（5.83）	（5.56）	（10.16）	（9.85）
REVOL	－0.168 *	0.079	0.382 ***	0.527 ***
	（－1.69）	（0.85）	（3.04）	（4.31）
ROA	－0.023 *	－0.017	0.028 *	0.034 **
	（－1.89）	（－1.38）	（1.80）	（2.21）
LEV	－0.007 *	0.003	0.000	0.006
	（－1.72）	（0.82）	（0.05）	（1.29）
SIZE	0.005 ***	0.005 ***	0.006 ***	0.007 ***
	（5.88）	（6.83）	（7.22）	（8.03）
Constant	－0.061 ***	－0.106 ***	－0.106 ***	－0.139 ***
	（－3.40）	（－5.97）	（－5.43）	（－6.93）
行业	未控制	控制	未控制	控制
年度	控制	控制	控制	控制
Observations	13 969	13 969	11 444	11 444
Adjusted R^2	0.10	0.16	0.09	0.11

注：括号内为 t 值，***、**、* 分别表示在 1%、5% 和 10% 水平上显著。

从控制变量来看，企业经营性现金流（CF）、投资机会（Q）、成长性（GROWTH）与投资水平正相关，说明经营活动现金流越多、投资机会越多、成长性越高的公司，资本投资增长率越高；其他控制变量的符号与已有文献基本保持一致。

（二）税收不确定性、融资约束与企业投资水平

为验证 H5－2，利用模型（5－2）进行回归，结果见表 5－5。表 5－5 的结果显示，在 INV1 为被解释变量的检验结果中，KZ 指数与税收不确定性的交互项（CV×KZ）的系数是－0.004，在 10% 水平上显著；在 INV2 为被解释变量的检验结果中，税收不确定性与 KZ 指数的交互项（CV×KZ）的系数是－0.012，在 1% 水平上显著。这说明企业面临的融资约束会强化税收不确定性对企业投资水平的负向影响。

表 5－5　　　　　　税收不确定性、融资约束与企业投资水平

变量	（1）INV1	（2）INV2
CV	－0.007 ***	－0.007 ***
	（－3.28）	（－2.76）
CV×KZ	－0.004 *	－0.012 ***
	（－1.73）	（－4.22）
KZ	0.002	0.003 *
	（1.38）	（1.67）
CF	0.083 ***	0.010
	（10.74）	（1.20）
CFVOL	－0.050 ***	－0.030 *
	（－3.54）	（－1.82）
GROWTH	0.002 **	0.008 ***
	（2.37）	（6.38）
Q	0.002 ***	0.006 ***
	（5.68）	（10.26）
REVOL	0.065	0.505 ***
	（0.69）	（4.12）
ROA	－0.016	0.032 **
	（－1.38）	（2.10）
LEV	0.004	0.013 **
	（0.86）	（2.34）

变量	(1) INV1	(2) INV2
SIZE	0.005 *** (6.76)	0.006 *** (7.70)
Constant	− 0.106 *** (− 5.98)	− 0.137 *** (− 6.86)
行业	控制	控制
年度	控制	控制
Observations	13 969	11 444
Adjusted R²	0.16	0.11

注：括号内为 t 值，*** 、** 、* 分别表示在 1%、5% 和 10% 水平上显著。

（三）税收不确定性、资本不可逆程度与企业投资水平

为验证 H5 − 3，利用模型（5 − 3）进行回归，结果见表 5 − 6。表 5 − 6 的结果显示，在 INV1 和 INV2 为被解释变量的检验结果中，税收不确定性与资本不可逆程度（PE）的交互项（CV × PE）的系数分别为 − 0.011 和 − 0.015，均在 1% 水平上显著，说明资本不可逆程度加剧了税收不确定性对企业投资规模的负向影响。

表 5 − 6　　　　税收不确定性、资本不可逆性与企业投资水平

变量	(1) INV1	(2) INV2
CV	− 0.005 *** (− 2.92)	− 0.008 *** (− 3.21)
CV_PE	− 0.011 *** (− 4.73)	− 0.015 *** (− 4.93)
PE	0.030 *** (16.59)	0.016 *** (7.07)
CF	0.049 *** (7.62)	0.005 (0.62)
CFVOL	− 0.027 ** (− 2.01)	− 0.021 (− 1.30)

续表

变量	(1) INV1	(2) INV2
GROWTH	0.002 ***	0.008 ***
	(2.98)	(6.83)
Q	0.003 ***	0.006 ***
	(8.26)	(10.43)
REVOL	0.122	0.549 ***
	(1.40)	(4.54)
ROA	0.018	0.044 ***
	(1.61)	(2.80)
LEV	0.005	0.008
	(1.37)	(1.62)
SIZE	0.006 ***	0.007 ***
	(8.03)	(8.35)
Constant	− 0.127 ***	− 0.150 ***
行业	控制	控制
年度	控制	控制
Observations	13 962	11 438
Adjusted R^2	0.22	0.11

注：括号内为 t 值，*** 、** 、* 分别表示在 1%、5% 和 10% 水平上显著。

（四）税收不确定性、市场化程度与企业投资水平

为验证 H5 - 4，利用模型（5 - 4）进行回归，结果见表 5 - 7。表 5 - 7 的结果显示，在 INV1 和 INV2 为被解释变量的检验结果中，税收不确定性与企业市场化程度（MARKET）的交互项（CV × MARKET）的系数分别为 0.005 和 0.006，均在 5% 水平上显著，这说明企业所处地区的市场化程度会缓解税收不确定性对企业投资水平的负向影响。

四、稳健性检验

为保证本书实证结果稳健可靠，依次进行如下稳健性检验：改变关键变量度量方法、改变模型回归方法、在控制变量中加入宏观经济先行指标。

表 5 - 7   税收不确定性、市场化程度与企业投资水平

变量	(1) INV1	(2) INV2
CV	- 0. 012 ***	- 0. 018 ***
	(- 6. 86)	(- 8. 43)
CV × MARKET	0. 005 **	0. 006 **
	(2. 19)	(2. 05)
MARKET	- 0. 005 **	- 0. 004 **
	(- 2. 43)	(- 1. 97)
CF	0. 082 ***	0. 014 *
	(11. 15)	(1. 80)
CFVOL	- 0. 050 ***	- 0. 028 *
	(- 3. 51)	(- 1. 71)
GROWTH	0. 002 **	0. 008 ***
	(2. 49)	(6. 92)
Q	0. 002 ***	0. 005 ***
	(5. 62)	(9. 87)
REVOL	0. 074	0. 520 ***
	(0. 80)	(4. 26)
ROA	- 0. 016	0. 035 **
	(- 1. 30)	(2. 27)
LEV	0. 003	0. 006
	(0. 81)	(1. 31)
SIZE	0. 005 ***	0. 007 ***
	(6. 83)	(8. 01)
Constant	- 0. 103 ***	- 0. 136 ***
	(- 5. 80)	(- 6. 76)
行业	控制	控制
年度	控制	控制
Observations	13 969	11 444
Adjusted R^2	0. 17	0. 11

注：括号内为 t 值，*** 、** 、* 分别表示在 1% 、5% 和 10% 水平上显著。

（一）改变关键变量度量方式

首先，改变被解释变量度量方式，企业投资规模（INV）采用"购置固定资产、无形资产和其他长期资产支出的现金净额除以总资产"度量企业投资额。其次，改变税收不确定性的度量方式。同第四章，仍借鉴朱军（2017），将税收不确定性的代理变量替换为税收政策不确定性指数（TAXINDEX）重新对企业投资水平进行检验。

表5-8报告了替换关键变量度量方式的稳健性检验结果。第（1）列报告了改变被解释变量度量方式的检验结果，CV的系数为-0.007，在1%的水平上显著。第（2）列、第（3）列报告了改变解释变量度量方式的检验结果，在以INV1为被解释变量时，TAXINDEX的估计系数为-0.021，在1%的水平上显著；在以INV2为被解释变量时，TAXINDEX的估计系数为-0.006，在10%的水平上显著。以上实证结果表明，税收政策不确定性显著降低了企业投资水平，本书的实证结果是稳健的。

表5-8 　　　　　　　　　稳健性检验：改变关键变量度量方式

变量	（1）INV	（2）INV1	（3）INV2
CV	-0.007 *** (-5.04)		
TAXINDEX		-0.021 *** (-8.63)	-0.006 * (-1.80)
CF	0.076 *** (10.33)	0.093 *** (10.44)	0.016 (1.59)
CFVOL	-0.059 *** (-4.16)	-0.034 ** (-2.04)	-0.040 ** (-2.01)
GROWTH	0.001 (1.41)	0.001 (1.14)	0.008 *** (5.74)
Q	0.002 *** (5.29)	0.001 *** (3.73)	0.006 *** (9.15)
REVOL	0.094 (1.03)	0.030 (0.70)	-0.000 (-0.00)

变量	（1）INV	（2）INV1	（3）INV2
ROA	−0.006	0.022	0.075 ***
	（−0.50）	（1.61）	（4.27）
LEV	0.007 *	0.016 ***	0.012 **
	（1.66）	（3.66）	（2.07）
SIZE	0.004 ***	0.003 ***	0.006 ***
	（5.78）	（3.95）	（7.79）
Constant	−0.089 ***	−0.039 **	−0.138 ***
	（−5.00）	（−2.35）	（−7.25）
行业	控制	未控制	未控制
年度	控制	控制	控制
Observations	13 969	10 754	8 675
Adjusted R^2	0.17	0.14	0.08

注：括号内为 t 值，*** 、** 、* 分别表示在1%、5%和10%水平上显著。

（二）改变模型回归方法

本部分稳健性检验采用中位数回归方法、两阶段 GMM 和固定效应模型来重新检验税收不确定性对企业投资水平的影响。首先，仍然采用中位数回归模型降低个别远离数据群的极端值对回归显著性的影响。其次，采用两阶段系统矩估计法来克服税收不确定和企业投资之间可能存在的互为因果关系的内生性问题。税收政策不确定性将导致管理层对企业投资持更加谨慎观望的态度，从而加剧了经济的波动（龚旻，2018）。而经济形势的变化反过来又促使决策部门频繁地调整税收政策加以应对，进一步推高了税收政策不确定性。因此，二者之间可能存在互为因果的内生性问题。最后，采用固定效应模型克服遗漏变量问题对研究结论的影响。本书的检验模型可能会遗漏一些不随时间变化的公司固定特征变量，导致遗漏变量偏差从而造成内生性问题。

表5-9报告了改变模型估计方法的稳健性检验。第（1）列、第（2）列为中位数回归方法，以 INV1 和 INV2 为被解释变量时，税收不确定性（CV）的回归系数分别为 −0.009 和 −0.013，且均在1%水平上显著为负。

回归结果显示，税收不确定性（CV）系数均显著为负，说明企业税收不确定性对企业投资规模的负向影响结果是稳健可靠的。第（3）列、第（4）列为两阶段系统 GMM 回归的估计结果，税收不确定性（CV）的回归系数也均在1%水平上显著。一阶自回归检验 AR（1）的 P 值为 0.0000，表明估计模型确实存在内生性问题；二阶自回归检验 AR（2）中 P 值分别为 0.2422 和0.0697，说明内生性问题得到了较为有效的克服。此外，识别不足检验的统计值较为显著，且通过了过度识别检验，说明选取的工具变量较有效且具有相关性。回归结果表明，税收不确定性（CV）的系数均显著为负，证明税收不确定性对企业投资的负向影响结果是稳健的。第（5）列、第（6）列为固定效应模型回归结果，税收不确定性（CV）的回归系数均为 − 0.011，且均在1%水平上显著为负，再次证明了结果稳健可靠。

表 5 − 9　　　　　　　　　稳健性检验：改变模型估计方法

变量	(1) INV1	(2) INV2	(3) INV1	(4) INV2	(5) INV1	(6) INV2
	中位数回归	中位数回归	GMM 回归	GMM 回归	固定效应回归	固定效应回归
CV	− 0.009 ***	− 0.013 ***	− 0.009 ***	− 0.014 ***	− 0.011 ***	− 0.011 ***
	(− 11.39)	(− 11.72)	(− 7.16)	(− 7.74)	(− 6.22)	(− 4.66)
CF	0.051 ***	0.002	0.088 ***	0.014 *	0.014 **	− 0.001
	(12.00)	(0.36)	(15.19)	(1.86)	(2.37)	(− 0.13)
CFVOL	− 0.044 ***	− 0.026 ***	− 0.039 ***	− 0.025 *	0.007	0.053 ***
	(− 6.09)	(− 2.87)	(− 3.68)	(− 1.72)	(0.42)	(2.62)
GROWTH	0.001	0.006 ***	0.001 *	0.008 ***	− 0.001	0.002
	(0.98)	(4.89)	(1.67)	(6.17)	(− 1.14)	(1.63)
Q	0.001 ***	0.004 ***	0.002 ***	0.005 ***	0.003 ***	0.006 ***
	(3.73)	(9.80)	(6.59)	(10.69)	(7.41)	(9.51)
REVOL	0.027	0.370 ***	0.086	0.506 ***	− 0.010	0.348 ***
	(0.41)	(4.07)	(1.06)	(4.39)	(− 0.12)	(2.92)
ROA	0.001	0.045 ***	− 0.025 **	0.037 **	0.032 ***	0.068 ***
	(0.14)	(3.73)	(− 2.46)	(2.49)	(2.64)	(4.13)
LEV	− 0.002	0.002	0.006 **	0.013 ***	− 0.006	− 0.001
	(− 0.67)	(0.73)	(2.17)	(3.34)	(− 1.07)	(− 0.09)

续表

变量	（1）INV1	（2）INV2	（3）INV1	（4）INV2	（5）INV1	（6）INV2
	中位数回归	中位数回归	GMM 回归	GMM 回归	固定效应回归	固定效应回归
SIZE	0.004 ***	0.005 ***	0.005 ***	0.006 ***	0.011 ***	0.024 ***
	（9.70）	（8.97）	（10.59）	（9.92）	（7.63）	（11.20）
Constant	− 0.075 ***	− 0.103 ***	− 0.103 ***	− 0.132 ***	− 0.227 ***	− 0.541 ***
	（− 8.01）	（− 7.96）	（− 9.02）	（− 8.60）	（− 6.70）	（− 10.96）
行业	控制	控制	控制	控制	未控制	未控制
年度	控制	控制	控制	控制	控制	控制
Observations	13 969	11 444	11 659	9 364	13 969	11 444
Adjusted R^2	0.16	0.10	0.17	0.10	0.10	0.09
Number of code					2 300	2 201

注：括号内为 t 值，***、**、* 分别表示在 1%、5% 和 10% 水平上显著。

（三）在控制变量中加入宏观经济指标

前面回归分析中控制了可能影响企业投资水平的经营不确定性（CFVOL）和宏观经济不确定性相关因素（REVOL），本部分在前面分析的基础上依次在回归分析中加入国内生产总值增长率（RGDP）、宏观经济先行指数（HINDEX）、企业家信心指数（BINDEX）、企业景气指数（EINDEX）和消费者信心指数（CINDEX）等作为衡量宏观经济不确定性状况的附加指标（宋全云等，2019）。表 5 - 10 报告了控制宏观经济先行指标的稳健性检验结果，鉴于篇幅所限，本部分只报告了以 INV1 为被解释变量时的结果，税收不确定性变量（CV）的估计系数均为 − 0.009，且均在 1% 的水平上显著，说明研究结论稳健。

表 5 - 10　　　　　稳健性检验：加入宏观经济先行指标

变量	（1）INV1	（2）INV1	（3）INV1	（4）INV1	（5）INV1
CV	− 0.009 ***	− 0.009 ***	− 0.009 ***	− 0.009 ***	− 0.009 ***
	（− 6.61）	（− 6.59）	（− 6.39）	（− 6.81）	（− 6.45）
CF	0.086 ***	0.083 ***	0.084 ***	0.084 ***	0.082 ***
	（11.54）	（10.91）	（11.07）	（11.19）	（10.97）

续表

变量	(1) INV1	(2) INV1	(3) INV1	(4) INV1	(5) INV1
CFVOL	-0.035**	-0.035**	-0.035**	-0.037**	-0.044***
	(-2.47)	(-2.45)	(-2.41)	(-2.54)	(-3.11)
GROWTH	0.001	0.002**	0.002**	0.001	0.002***
	(1.61)	(2.21)	(2.41)	(1.58)	(3.04)
Q	0.001***	0.001***	0.001***	0.001***	0.002***
	(3.38)	(3.67)	(3.11)	(4.53)	(5.16)
REVOL	0.084**	0.096**	0.062	0.158***	-0.203***
	(2.18)	(2.34)	(1.57)	(3.81)	(-4.57)
ROA	0.000	0.019	0.024**	0.008	0.002
	(0.02)	(1.63)	(2.03)	(0.67)	(0.20)
LEV	0.009**	0.016***	0.017***	0.014***	0.010***
	(2.21)	(4.10)	(4.35)	(3.40)	(2.61)
SIZE	0.003***	0.002***	0.002***	0.003***	0.003***
	(4.97)	(3.49)	(3.05)	(4.41)	(4.99)
RGDP	0.135***				
	(12.73)				
HINDEX		0.001***			
		(3.93)			
BINDEX			-0.000		
			(-0.37)		
EINDEX				0.000***	
				(8.68)	
CINDEX					-0.001***
					(-14.55)
Constant	-0.073***	-0.130***	-0.029*	-0.104***	0.061***
	(-4.54)	(-4.12)	(-1.65)	(-5.51)	(3.93)
行业	未控制	未控制	未控制	未控制	未控制
年度	控制	控制	控制	控制	控制
Observations	13 969	13 969	13 969	13 969	13 969
Adjusted R²	0.15	0.13	0.13	0.14	0.15

注：括号内为 t 值，***、**、* 分别表示在 1%、5% 和 10% 水平上显著。

第四节 拓展性分析

一、影响机制分析

前面研究得出，税收不确定性与企业资本投资水平负相关。那么其中的影响机制如何？本部分就现金流波动性是否在税收不确定性影响企业投资中发挥了中介效应进行检验。

通过前述的理论分析可知，企业"等待"的期权价值与投资项目未来现金流的不确定性正相关，投资项目未来现金流的不确定性越大，"等待"投资的价值越大。不确定性的上升通过增加投资项目未来现金流的不确定性，从而提高了企业继续"等待"的价值。税收的不确定性加剧了企业税后现金流的波动性，增加了管理者预测未来现金流的难度，从而影响了他们对企业未来盈利的预期，在有利信息明朗之前，企业会主动推迟并缩减投资规模。本部分仍然使用巴伦和肯尼（Baron & Kenny, 1986）的 Sobel 中介因子检验方法，考察税收的不确定性是否通过增加现金流波动性抑制了企业投资水平，即现金流波动是否在税收不确定性降低企业投资规模中起中介效应。设定以下路径 Path A、Path B、Path C 进行检验：

$$INV_{i,t} = \alpha_0 + \alpha_1 CV_{i,t} + \alpha_i \sum Controls_{i,t} + \sum Industry + \sum Year + \varepsilon_{i,t}$$

$$(5-5)$$

$$CFVOL_{i,t} = \vartheta_0 + \vartheta_1 CV_{i,t} + \vartheta_i \sum Controls_{i,t} + \sum Industry + \sum Year + \varepsilon_{i,t}$$

$$(5-6)$$

$$INV_{i,t} = \alpha_0 + \alpha_1 CV_{i,t} + \alpha_2 CFVOL_{i,t} + \alpha_i \sum Controls_{i,t}$$
$$+ \sum Industry + \sum Year + \varepsilon_{i,t} \qquad (5-1)$$

其中，CFVOL 代表现金流波动性，为企业经营活动现金流除以企业总资产（CF）当年及滞后四年的标准差。中介效应检验过程分为三步：第一步，在不加中介因子（CFVOL）的情况下检验税收不确定性（CV）对投资水平（INV1、INV2）的影响，观察模型（5-5）中的回归系数 α_1；第二步，检验税收不确定性（CV）对现金流波动性（CFVOL）的影响，观察模型（5-6）

中的回归系数 ϑ_1；第三步，同时检验税收不确定性（CV）和现金流波动性（CFVOL）对企业投资水平（INV1、INV2）的影响，观察基准回归模型（5-1）中的回归系数 α_1 和 α_2。如果模型（5-5）中的回归系数 α_1 显著，且模型（5-6）中的回归系数 ϑ_1 显著，模型（5-1）中的回归系数 α_2 显著，但 α_1 不再显著，且 Sobel Z 值在统计上显著，说明本书采用的中介因子具有完全中介效应；如果模型（5-5）中的回归系数 α_1 显著，模型（5-6）中的回归系数 ϑ_1 显著，模型（5-1）中的回归系数 α_1 和 α_2 都显著，但模型（5-1）中的回归系数 α_1 显著低于模型（5-5）中的回归系数 α_1，且 Sobel Z 值在统计上也显著，则说明此中介因子具有部分中介效应。

表 5-11 报告了现金流波动性作为税收不确定性对企业投资规模影响的中介变量的检验结果，实证结果表明，在 Path A 中，税收不确定性（CVZ）对企业投资（INV1、INV2）的回归系数分别为 -0.010 和 -0.016，且均 1% 水平上显著。在 Path B 中，税收不确定性（CV）对现金流波动性（CFVOL）的回归系数为 0.01，且在 1% 的水平上显著为正，说明税收不确定性确实显著增加了现金流的波动性。在 Path C 中，继续考察包含中介变量现金流波动性的基准模型的检验，税收不确定性（CV）对企业投资（INV1、INV2）的回归系数分别降为 -0.009 和 -0.015，均在 1% 水平上显著。同时，中介变量现金流波动性（CFVOL）的回归系数分别为 -0.050 和 -0.028，且分别在 1% 和 10% 水平上显著。Sobel Z 检验分别为 -4.54 和 -5.01，均在 1% 水平上显著。以上实证结果表明，现金流波动性在税收不确定性对企业投资支出的影响中具有部分中介效应。

表 5-11   现金流波动性的中介效应检验

Path A（不含中介因子检验）		
自变量	因变量	
	INV1	INV2
CV	-0.010 *** (-7.13)	-0.016 *** (-8.92)
控制变量	控制	控制
年份、行业	控制	控制
观测值	13 969	11 444
Adjusted R^2	0.16	0.11

Path B（中介因子检验）	
自变量	因变量
	CV
CFVOL	0.010***
	(5.89)
控制变量	控制
年份、行业	控制
观测值	13 969
Adjusted R^2	0.16

Path C（包含中介因子检验）		
自变量	因变量	
	INV1	INV2
CV	− 0.009***	− 0.015***
	(− 6.79)	(− 8.75)
CFVOL	− 0.050***	− 0.028*
	(− 3.50)	(− 1.70)
控制变量	控制	控制
年份、行业	控制	控制
观测值	13 969	11 444
Adjusted R^2	0.16	0.11
Sobel Z	− 3.50	− 1.69
Sobel Z 对应的 P 值	0.000	0.090

注：括号内为 t 值，***、**、**分别表示在 1%、5% 和 10% 的水平上显著。

二、税收不确定性与企业投资效率

本部分进一步分析税收的不确定性对企业资本投资经济后果造成何种影响，即税收不确定性是否由于增加了企业资本评估难度而导致了企业非效率投资行为。本书认为，税收不确定性会降低企业投资效率。基于信息不对称理论，虽然企业决策者比外部投资者掌握更多信息，但在面临较大的税收不确定性时，企业决策者自身也面临严重的信息不对称问题。税收政策的频繁变动或本身的复杂性使企业管理层难以对税收政策进行有效预期，企业对未来现金流的可预测性下降，在判断投资项目未来的前景时就可能出现偏差甚至错误，导致投资项目的收益达不到预期的效果，意味着投资效率的下降（饶品贵，2017）。

理查德森（Richardson，2006）通过估算公司正常的资本投资水平，然后用模型的残差作为投资不足和投资过度的代理变量（残差绝对值为投资效率代理变量）考察公司的投资效率水平，偏离正常的投资部分即为非效率投资，表现为投资不足或投资过度，偏离越严重则代表投资效率越低。由于企业正常的投资与企业的一些特征紧密相关，如成长机会、现金持有等，因此相关文献采用这些特征来拟合企业正常投资（饶品贵，2017）。本书参照理查德森（Richardson，2006）模型计算投资效率，建立以下模型（5-7）：

$$INV_t = \gamma_0 + \gamma_1 GROWTH_{t-1} + \gamma_2 CASH_{t-1} + \gamma_3 LEV_{t-1} + \gamma_4 SIZE_{t-1} +$$
$$\gamma_5 AGE_{t-1} + \gamma_6 RET_{t-1} + \gamma_7 INV_{t-1} + \varepsilon_{i,t} \qquad (5-7)$$

其中，INV_t 为第 t 年公司新增资本投资量，指标计算同 INV2；$GROWTH_{t-1}$ 为第 t-1 年末公司成长机会，等于上期营业收入的增长率；$CASH_{t-1}$ 为公司持有现金数量，为第 t-1 年末现金及现金等价物除以总资产；LEV_{t-1} 为资产负债率，等于第 t-1 年末公司总负债除以总资产；$SIZE_{t-1}$ 为第 t-1 年末的公司规模，等于总资产自然对数；AGE_{t-1} 为截至第 t-1 年末的公司上市年龄，等于公司上市年限的自然对数；RET_{t-1} 为公司股票年度回报率，采用考虑现金红利再投资的年个股回报率衡量；INV_{t-1} 为 t-1 年的公司资本投资量。模型（5-7）还控制了年度效应和行业效应。将模型（5-7）进行回归后得到的残差取绝对值，即为公司每个年度的投资效率变量（XRINVE）。将残差大于 0 的部分作为投资过度的代理变量（OINV），将残差小于 0 的部分绝对值化后作为投资不足的代理变量（UINV）。最后，将上述得到的投资残差变量作为因变量，建立如下回归模型（5-8）考察税收不确定性对企业投资效率的影响：

$$XRINVE(OINV/UINV)_{i,t} = \lambda_0 + \lambda_1 CV_{i,t} + \lambda_i \sum Controls_{i,t} +$$
$$\sum Industry + \sum Year + \varepsilon_{i,t} \qquad (5-8)$$

其中，XRINVE 代表企业总的投资效率，OINV 代表企业投资过度，UINV 代表企业投资不足。CV 代表税收不确定性。由于代理问题也会影响公司投资效率，因此控制变量在基准模型基础上增加了公司治理变量，包括第一大股东持股比（SH1）和独立董事比例（OUTDIR）。表 5 – 12 报告了税收不确定性对企业投资效率的回归结果。总体非效率投资（XRINVE）的估计系数为 0.017 且在 1% 水平上显著，投资过度（OINV）的估计系数为 0.001 且不显著，投资不足（UINV）的估计系数为 0.014 且在 1% 水平上显著，说明税收不确定性确实降低了企业投资效率，并且主要是通过投资不足降低了企业投资效率。

表 5 – 12 税收不确定性与企业投资效率

变量	（1）XRINVE	（2）OINV	（3）UINV
CV	0.017***	0.001	0.014***
	(7.60)	(0.12)	(10.27)
CF	0.007	0.028	− 0.060***
	(0.61)	(1.38)	(− 7.92)
CFVOL	0.051**	0.039	0.063***
	(2.21)	(1.07)	(4.15)
GROWTH	0.015***	0.033***	0.001
	(8.47)	(10.65)	(1.08)
Q	0.010***	0.016***	0.002***
	(15.93)	(12.02)	(4.11)
REVOL	0.406***	1.109***	0.062
	(2.87)	(4.45)	(0.65)
ROA	− 0.099***	− 0.105***	0.041***
	(− 4.95)	(− 2.76)	(2.92)
LEV	− 0.007	− 0.050***	0.026***
	(− 0.95)	(− 3.76)	(4.78)
SIZE	0.007***	0.036***	− 0.047***
	(4.23)	(17.40)	(− 48.09)
WCAP	− 0.021***	− 0.097***	0.007
	(− 4.56)	(− 8.63)	(1.05)
SH1	− 0.000**	− 0.000***	0.000
	(− 2.50)	(− 3.64)	(0.54)

续表

变量	(1) XRINVE	(2) OINV	(3) UINV
OUTDIR	0.056 ***	0.042 *	0.005
	(3.04)	(1.68)	(0.48)
Constant	-0.170 ***	-0.782 ***	1.037 ***
	(-4.23)	(-16.41)	(45.89)
行业	控制	控制	控制
年度	控制	控制	控制
Observations	14 085	5 962	8 123
Adjusted R²	0.16	0.26	0.66

注：括号内为 t 值，*** 、** 、* 分别表示在1%、5% 和10% 水平上显著。

此外，本书还使用投资—价值相关性来衡量企业的投资效率。企业价值是公司预计可能创造的未来现金流的现值，反映了企业潜在的或预期的获利能力和成长能力，并且受投资者要求的回报率和公司未来收益的影响（Olson，1995）。由于企业对投资项目的选择影响到未来的收益，因此企业的最终价值将取决于其投资行为（Connell & Muscarella，1985）。稳定而透明的税收政策及执法环境有利于企业更加准确地预测边际成本，提高资本预算的准确率，进而提高资本回报率并提升企业价值。本章借鉴万华林等（2012）的研究思路，利用企业投资—价值相关性衡量资本投资效率，进一步检验税收不确定性影响企业投资的经济后果。见模型（5-9）：

$$Q_{i,t} = \varphi_0 + \varphi_1 CV_{i,t} + \varphi_2 CV_{i,t} \times INV_{i,t} + \varphi_3 INV_{i,t} + \varphi_i \sum Controls_{i,t} +$$
$$\sum Industry + \sum Year + \varepsilon_{i,t} \qquad (5-9)$$

模型（5-9）中，被解释变量为企业价值（Q）；税收不确定性（CV）设为虚拟变量，按行业—年度中位数进行分组，高于行业—年度中位数设置为1，低于行业—年度中位数设置为0。主解释变量为税收不确定性（CV）与企业投资（INV1/INV2）的交乘项，若系数 φ_2 为正，则说明税收不确定性提高了投资价值相关性；若 φ_2 为负，则说明税收不确定性降低了投资价值相关性。借鉴前人文献，构建的一组控制变量包括：经营现金流（CF）、资产负债率（LEV）、企业规模（SIZE）、盈利能力（ROA）、企业成长性（GROWTH）、机构投资者（INST）、第一大股东持股比（SH1）。表5-13 报告了税收不确定性对企业投资—价值相关性的回归结果。税收不确定性（CV）与企业投资（INV1）交乘项的系数为－1.018，但不显著；税收不确定性（CV）与企业投资（INV2）交乘项的系数为－2.508，在1%水平上显著。总体来说，税收不确定性降低了企业投资价值相关性，降低了企业投资效率。

表5-13　　　　　税收不确定性与企业投资—价值相关性

变量	(1) Q	(2) Q
CV	0.244 ***	0.287 ***
	(5.39)	(6.89)
CV_INV1	－ 1.018	
	（－1.61）	
INV1	0.773 *	
	(1.79)	
CV_INV2		－ 2.508 ***
		（－4.40）
INV2		2.021 ***
		(5.32)
CF	0.453 *	0.355
	(1.85)	(1.35)
LEV	－ 1.276 ***	－ 1.242 ***
	（－7.61）	（－6.90）
SIZE	－ 0.712 ***	－ 0.712 ***
	（－24.13）	（－23.21）
ROA	7.053 ***	7.282 ***
	(11.45)	(10.97)
GROWTH	0.079 ***	0.077 ***
	(3.42)	(3.05)
INST	3.128 ***	3.144 ***
	(8.19)	(8.17)
SH1	0.005 ***	0.004 ***
	(3.32)	(3.08)

续表

变量	(1) Q	(2) Q
Constant	17.593***	17.617***
	(28.23)	(26.86)
行业	控制	控制
年度	控制	控制
Observations	14 357	11 733
Adjusted R^2	0.50	0.50

注：括号内为 t 值，***、**、* 分别表示在 1%、5% 和 10% 水平上显著。

三、区分不同地区、规模和行业的影响

按经济发展水平将我国省份划分东部、中部、西部省份，把企业所在地区按东部和中西部省份划分为两组，考察税收不确定性对不同地区企业投资水平的影响。表 5 – 14 的检验结果表明，当以 INV1 为被解释变量时，东部地区的税收不确定性（CV）的系数为 – 0.007，中西部地区的税收不确定性（CV）的系数为 – 0.013，且均在 1% 水平上显著。分组系数差异检验的 P 值为 0.0040，在 1% 水平上显著；以 INV2 为被解释变量时，东部地区的税收不确定性（CV）的系数为 – 0.013，中西部地区的税收不确定性（CV）的系数为 – 0.019，且均在 1% 水平上显著。分组系数差异检验的 P 值为 0.0459，在 5% 水平上显著。以上结果说明，从总体上看，税收不确定性对中西部地区企业投资水平的负向影响更大。

表 5 – 14　　　税收不确定性对不同地区企业投资影响的回归结果

变量	(1) INV1	(2) INV1	(1) INV2	(2) INV2
	东部地区	中西部地区	东部地区	中西部地区
CV	– 0.007***	– 0.013***	– 0.013***	– 0.019***
	(– 4.31)	(– 5.54)	(– 5.97)	(– 6.39)
CF	0.069***	0.096***	– 0.000	0.032**
	(8.50)	(7.09)	(– 0.04)	(2.13)
CFVOL	– 0.049***	– 0.036	– 0.021	– 0.030
	(– 2.89)	(– 1.41)	(– 1.05)	(– 0.96)

变量	(1) INV1	(2) INV1	(1) INV2	(2) INV2
	东部地区	中西部地区	东部地区	中西部地区
GROWTH	0.002 **	0.001	0.009 ***	0.007 ***
	(2.30)	(1.12)	(5.95)	(3.72)
Q	0.002 ***	0.002 ***	0.005 ***	0.007 ***
	(4.58)	(3.21)	(7.69)	(6.37)
REVOL	0.053	0.095	0.500 ***	0.524 **
	(0.49)	(0.59)	(3.55)	(2.37)
ROA	−0.018	−0.006	0.047 **	0.018
	(−1.26)	(−0.29)	(2.43)	(0.67)
LEV	−0.002	0.009	0.004	0.005
	(−0.38)	(1.24)	(0.66)	(0.54)
SIZE	0.006 ***	0.005 ***	0.006 ***	0.008 ***
	(6.40)	(3.63)	(6.81)	(5.17)
Constant	−0.118 ***	−0.066 **	−0.133 ***	−0.133 ***
	(−5.66)	(−2.31)	(−5.90)	(−3.97)
行业	控制	控制	控制	控制
年度	控制	控制	控制	控制
Observations	9 096	4 872	7 440	4 003
Adjusted R^2	0.17	0.17	0.11	0.13

注：括号内为 t 值，***、**、* 分别表示在 1%、5% 和 10% 水平上显著。

将企业按规模分为大规模企业、中等规模企业和小规模企业，把企业按大规模和中小规模分为两组，考察税收不确定性对不同规模企业投资水平的影响。表 5 - 15 的检验结果表明，当以 INV1 为被解释变量时，大规模企业税收不确定性（CV）的系数为 - 0.007，中小规模企业的税收不确定性（CV）的系数为 - 0.012，且均在 1% 水平上显著。分组系数差异检验的 P 值为 0.0346，在 5% 水平上显著；以 INV2 为被解释变量时，大规模企业的税收不确定性（CV）的系数为 - 0.009，中小规模企业的税收不确定性（CV）的系数为 - 0.019，且均在 1% 水平上显著。分组系数差异检验的 P 值为 0.0024，在 1% 水平上显著。以上结果说明，税收不确定性对中小规模企业投资水平的负向影响更大。

表 5 – 15   税收不确定性对不同规模企业投资影响的回归结果

变量	(1) INV1	(2) INV1	(3) INV2	(4) INV2
	大规模企业	中小规模企业	大规模企业	中小规模企业
CV	-0.007 ***	-0.012 ***	-0.009 ***	-0.019 ***
	(-3.80)	(-10.76)	(-3.75)	(-13.02)
CF	0.093 ***	0.078 ***	0.022 *	0.014
	(9.30)	(11.84)	(1.65)	(1.59)
CFVOL	-0.069 ***	-0.059 ***	-0.053 **	-0.039 **
	(-3.69)	(-5.03)	(-2.19)	(-2.54)
GROWTH	-0.000	0.003 ***	0.004 **	0.011 ***
	(-0.39)	(3.87)	(2.47)	(9.50)
Q	0.002 ***	0.001 ***	0.007 ***	0.004 ***
	(3.63)	(4.44)	(8.06)	(9.82)
REVOL	0.079	-0.138	0.456 ***	0.215 *
	(0.60)	(-1.52)	(2.60)	(1.78)
ROA	-0.063 ***	0.013	-0.019	0.070 ***
	(-3.08)	(1.24)	(-0.70)	(5.11)
LEV	0.011 **	0.011 ***	0.021 ***	0.017 ***
	(2.18)	(4.01)	(2.98)	(4.55)
Constant	0.002	0.015 ***	-0.003	0.023 ***
	(0.18)	(2.95)	(-0.29)	(3.27)
行业	控制	控制	控制	控制
年度	控制	控制	控制	控制
Observations	4 657	9 312	3 681	7 763
Adjusted R^2	0.25	0.12	0.14	0.10

注：括号内为 t 值，***、**、* 分别表示在1%、5%和10%水平上显著。

将企业所在行业分为高科技行业和传统行业，考察税收不确定性对不同行业企业投资水平的影响。其中高科技行业为制造业与信息传输、软件和信息技术服务业。表 5 – 16 的检验结果表明，在以 INV1 为被解释变量时，高科技行业 CV 的系数为 -0.012，传统行业 CV 系数为 -0.006，且均在1%水平上显著。组间系数差异检验 P 值等于 0.0000，在1%水平上显著；在以 INV2

为被解释变量时，高科技行业 CV 的系数为 - 0.018，传统行业 CV 系数为
- 0.011，且均在 1% 水平上显著。组间系数差异检验 P 值等于 0.0290，在
5% 水平上显著。以上结果说明，对于高科技行业来说，税收不确定性对企业
投资水平的负向影响更大。

表 5 - 16　税收不确定性对高科技行业和传统行业企业投资的回归结果

变量	(1) INV1	(2) INV1	(3) INV2	(4) INV2
	高科技行业	传统行业	高科技行业	传统行业
CV	- 0. 012 ***	- 0. 006 ***	- 0. 018 ***	- 0. 011 ***
	(- 9. 83)	(- 3. 88)	(- 11. 11)	(- 5. 71)
CF	0. 061 ***	0. 101 ***	- 0. 006	0. 032 ***
	(7. 92)	(13. 06)	(- 0. 60)	(3. 18)
CFVOL	- 0. 033 **	- 0. 057 ***	- 0. 013	- 0. 031 *
	(- 2. 29)	(- 4. 15)	(- 0. 70)	(- 1. 74)
GROWTH	0. 004 ***	0. 000	0. 012 ***	0. 006 ***
	(3. 65)	(0. 33)	(8. 22)	(5. 28)
Q	0. 002 ***	0. 003 ***	0. 005 ***	0. 005 ***
	(4. 36)	(6. 80)	(10. 45)	(9. 69)
REVOL	0. 436 ***	- 0. 464 ***	0. 814 ***	0. 119
	(4. 41)	(- 3. 99)	(6. 13)	(0. 78)
ROA	- 0. 015	- 0. 009	0. 039 **	0. 034 *
	(- 1. 27)	(- 0. 62)	(2. 46)	(1. 74)
LEV	- 0. 004	0. 013 ***	- 0. 001	0. 016 ***
	(- 1. 11)	(3. 38)	(- 0. 13)	(3. 15)
SIZE	0. 006 ***	0. 005 ***	0. 007 ***	0. 007 ***
	(10. 29)	(7. 42)	(9. 60)	(8. 01)
Constant	- 0. 097 ***	- 0. 089 ***	- 0. 133 ***	- 0. 139 ***
	(- 7. 34)	(- 5. 84)	(- 7. 47)	(- 6. 78)
行业	控制	控制	控制	控制
年度	未控制	未控制	未控制	未控制
Observations	8 123	5 846	6 483	4 961
Adjusted R^2	0. 09	0. 25	0. 10	0. 12

注：括号内为 t 值，*** 、** 、* 分别表示在 1%、5% 和 10% 水平上显著。

第五节　本章主要结论

　　本章仍然采用企业所得税实际税率的波动度量我国企业面临的税收不确定性状况，利用2007~2017年沪深A股上市公司数据，实证检验了税收不确定性对企业投资行为的影响。研究结果表明：（1）税收不确定性显著降低了企业投资规模，税收不确定性越高时，企业投资规模越小。（2）对于融资约束和资本不可逆程度越高、市场化程度越低的企业，税收不确定性上升时，企业投资规模的降低程度更为显著。通过区分不同地区、规模和行业的企业发现，税收不确定性对中西部地区、小规模企业和高科技行业企业的投资规模抑制作用更强。（3）影响机制检验表明，税收不确定性通过增加现金流波动性提高了企业"等待"的期权价值，降低了企业投资水平。（4）税收不确定性降低了企业的投资效率，主要是导致了企业投资不足，并且降低了企业投资—价值相关性。

　　本章的研究具有重要的理论和现实意义。第一，本章考察了税收不确定性对企业投资行为的影响机制及经济后果，提供了税收不确定性影响企业投资行为的经验证据，是对经济政策的实施效果和企业投资行为领域研究的重要补充。第二，本章的实证结论表明，税收不确定性会显著降低企业投资规模，因此政府应保持税收政策的相对稳定性，提高税收政策的透明度，使市场主体对税收政策的实施建立理性预期。第三，政府在制定和实施税收政策时，应充分考虑税收不确定性对企业投资行为影响的异质性，应特别关注融资约束严重、资本不可逆程度较高，以及市场化程度较低的企业。第四，从企业角度出发，企业应降低对政府经济政策的过度依赖，加强自身的经营与管理，通过提升核心竞争力增强投资管理能力和抵御风险的能力，实现可持续健康发展。

第六章

提高税收确定性的政策建议

为应对经济下行压力，切实帮助企业降低成本负担，激发市场主体活力，2015 年以来我国密集出台了一系列减税降费的政策与举措。个人所得税改革、小微企业普惠性税收减免、深化增值税改革、支持创新创业和脱贫攻坚等税收优惠政策陆续发布和实施。减税降费也成为当下中国经济的关键词之一，在一定程度上对中国经济结构转型发挥了刺激与推动作用，有效激发了市场主体活力，增强了经济发展信心。然而，着眼于税收负担数字上的降低，固然是实施减税降费举措的应有之义，但在减税过程中保持税收政策的确定性同样意义重大。

本书实证结论显示，不仅税负本身会影响企业经营决策，同时税收政策及税收执法的确定性对企业科学决策、稳健经营也具有重大意义。对此，政府决策部门应予以高度重视。税收政策需要通过引导和影响市场主体的决策才能发挥作用，而税收不确定性会通过影响企业经营风险、盈利能力，以及对未来税收政策的预期等方面影响市场主体当期决策，尤其是对企业投资决策会施加重大影响。对于企业经营而言，相比平均税负，税收确定性的重要程度更为凸显。特别是在当前我国经济发展正处于转型期的关键阶段，新业态、新模式的不断涌现，使投资者难以直接判断各类复杂的涉税事项所带来的税收后果，在面临成本控制的不确定性以及较高的涉税风险情况下可能作出错误的经营决策。因此，从根源上保持税收政策的确定性显得尤为重要。为更好地实现税收政策的调控目标，应提高税收确定性，保持税收政策和税收执法的稳定性、可预见性以及透明性，积极引导和管理微观经济主体形成理性预期，避免税收政策本身成为经济扰动的根源。

提高税收政策和税收执法确定性是降低税收不确定性扭曲企业投融资行

为的出发点和立足点。因此，本章主要基于税收立法和税收执法角度针对如何提高税收确定性提出具体的政策建议。

第一节　提高税收立法层面的确定性

一、落实税收法定原则

深入贯彻落实税收法定原则，用完善的税收法律制度规制企业行为，使税收在法治的轨道上运行，是解决税收政策出台随意性、政出多门等的制度性问题，提高税收政策的稳定性和透明度，降低不确定性的根本。国家税务总局在《关于深化行政审批制度改革 切实加强事中事后管理的指导意见》中明确提出，要增强税收政策的确定性、协调性。把法治理念落实到税收政策的立、改、废、释之中，建立规范化、程序化政策动态调整长效机制，完善政策解读机制，建立税收政策确定性管理制度，切实增强税收政策的统一性、权威性、确定性和可操作性；健全政策协调机制，增强同一税种政策调整的前后衔接，增强不同税种政策调整的相互协调，以利于纳税人和税务机关准确理解、正确适用。坚持税收法定原则是实现税收确定性的前提和基础。因此，必须坚持法治化道路，做好顶层设计，将税收法治的理念贯彻到税收立法和税收执法的各个层面。

（一）将税收法定原则写入《宪法》，为税收法定提供最高效力支持

2015 年 3 月 15 日，十二届全国人大三次会议表决通过了关于修改《中华人民共和国立法法》的决定，修改后的《立法法》将"税收"专设一项作为第八条的第六项，明确"税收的设立、税率的确定和税收征收管理等税收基本制度"只能由法律规定，对 2020 年前完成相关立法工作作出了安排，包括：第一，不再出台新的税收条例；要求开征新税的，应当通过全国人大及其常委会制定相应的税收法律。第二，适时将相关税收条例上升为法律，并相应废止有关税收条例。在这之前，我国的 18 个税种中只有企业所得税、个人所得税、车船税三个税种制定了法律，剩余 15 个税种都是全国人大授权而由国务院制定的暂行条例。税收立法权明确由立法机关行使，征税的相关事

项以法律形式明确作出规定，不仅事关纳税人的税收负担的可预测性，也使得私人财产上附带的税收这一社会义务更加具有确定性（汤洁茵，2016）。在立法完成之后，为适应社会经济发展形势的变化而对税法加以修改的情况仍然较为有限。目前，我国《宪法》第五十六条虽然确认了公民的纳税义务，但并没有明确设定税收法定原则条款。未来，可将《立法法》中第八条相关税种、税率和征收管理有关税收基本法律制度、依据写入根本大法——《宪法》，为税收法定提供最高的效力支持，为从根本上改善我国税收法制环境，增强税收的确定性提供制度保障（毛圣慧和王铁铮，2020）。

（二）加快推进现行税种立法，提高现有税收行政法规的法律层级

中央确定税收法定原则后，税收法治进程明显加快。截至 2023 年 8 月，我国现行 18 个税种中，已有 12 个完成了立法，除较早完成立法的企业所得税、个人所得税、车船税外，2016 年通过了环境保护税法，2017 年通过了烟叶税法、船舶吨税法，2018 年通过耕地占用税法，2019 年 8 月完成了车辆购置税、资源税的立法工作，契税、城市维护建设税的立法于 2020 年 8 月完成，2021 年 6 月出台了印花税法。目前，尚有 6 个税种未完成立法，包括第一大税种增值税、土地增值税、消费税、关税、房产税、城镇土地使用税，这几个税种的立法工作也在加快进行。长期使用并经实践证明符合我国税收实际的税收行政法规，应按照立法的程序尽早报请全国人大审议通过，使之成为正式的法律，提高我国税收法律的级次和效力，改变行政机关"自订法律自己执行"的现状，防止税法的误用和滥用（毛圣慧和王铁铮，2020）。提升税收立法层级、通过立法才能为税收的稳定性、确定性和安定性奠定法治基础。

（三）对税收优惠专门立法，建立长效稳定的税收优惠法律机制

未来，对税收优惠的治理应从"相机治理"转变为"长效稳定"机制。

党的十八届三中全会通过的《中共中央关于全面深化改革若干重大问题的决定》提出"按照统一税制、公平税负、促进公平竞争的原则，加强对税收优惠特别是区域性税收优惠政策的规范管理。税收优惠政策统一由专门税收法律法规规定，清理规范税收优惠政策"，首次将税收优惠在政策层面纳入公共治理范畴。对税收优惠的清理、规范和统一立法，既是税收法定原则

的体现，也是简化税制的要求，其目标就是增加税制的透明度和确定性，实现税收中性，使市场在资源配置中起基础性作用。从税收法定角度来看，无论税收政策是否调整，都应基于法治市场的建立与发展。税收优惠政策只有实现法治化，建立起统一、完备的税收优惠法律体系，才能维护税法的权威性、确定性和安定性。想要彻底纠正税收优惠随意散乱、"政出多门"的乱象，必须将税收优惠批准权上收，所有税收优惠都应由人大批准并以正式法律文件公布。对税收优惠进行专门立法，突破部门税法障碍，在整体税种层面对税收优惠进行类型化，制定具有易懂性、有效性和整体性的税收优惠法律体系（熊伟，2014），是实现税收优惠确定性、规范化和法治化的可行选择。首先，按税收法定、量能课税和比例课税原则对税收优惠文件进行清理。重点围绕已经明显不适应经济社会发展要求、与上位法规定不一致、税收优惠之间相互冲突或不一致等三类文件展开，为统一立法奠定坚实的基础。其次，采用"类型化"方法对税收优惠进行分类。对税收优惠进行类型化的建构，可以实现抽象的优惠理念、原则和具体的优惠事实之间的联动，最终构建起税收优惠理念、优惠类型、具体优惠事实的科层体系。其具体操作可按优惠功能标准、税收构成要件标准、优惠所涉行业、产业和区域标准来对税收优惠的类型进行划分（叶金育，2016）。最后，制定税收优惠法，做到各位阶税收优惠的无缝衔接与协调。同时也要注意，给予税收优惠政策的正式法律文件需要谨慎设计，尽可能地精确表述以避免日后频繁修改。

此外，建立税式支出制度，对税收优惠政策进行测算加以量化，并纳入预算管理，不仅可以增强税收优惠政策的规范性和透明度，也可以使政策制定者清楚地了解和掌握每项政策的税收成本，从而改进决策。2019 年，全国人大财政经济委员会建议研究探索建立税式支出制度，并将税收优惠政策在预算草案中作出安排。这一理念也反映了政策制定者从清理规范的限权思路向预算规制的控权逻辑的转变（叶姗，2020）。

（四）实现减税和税制改革的整体性重构

在完善立法的过程中，要本着简洁、透明、公正的原则，根据实际情况改革税制，将减税和税制改革协同考虑，实现整体性重构。2018 年，我国开启了新一轮减税降费，陆续出台了有史以来力度最大、规模空前的减税降费政策，切实降低了企业税费负担，增强了企业实体领域经营的信心。减税降费政策除了要降低企业的税费负担之外，还要真正地降低不确定性，才能给企业创造一个更具确定性的、风险更低的环境，从而增强企业对未来盈利的可预期性（刘尚希，2019）。因此，未来税制改革除了要在"减税"方面加大力度外，还应注重政策的确定性，实现"稳预期"效果。从完善税制的角度去考虑减税政策，既能把税负降下来，实现短期政策目标，同时又能使税制得到完善，达到简化税制，提高透明度的目标。

在深化增值税改革方面，一是沿着简并税率的方向降税率，三档并为两档。按照就低不就高的原则，增值税三档并两档的目标应是基本税率10%左右和低税率5%左右。二是完善税收优惠制度。应尽量使用零税率的优惠而非免税，避免免税带来的增值税抵扣链条断裂。在所得税方面，通过立法的形式确立适度降低企业所得税、个人所得税的法定税负率的动态调整原则，从制度设计上真正为企业减负。通过降低税率来减税，从特惠式减税转向普惠式的减税，可以更好地起到引导企业预期的效果（刘尚希，2019）。鉴于现实中有许多税收优惠政策给符合条件的企业是适用15%的税率，基于国际税收竞争环境的考虑，未来企业所得税的税率可考虑从25%下调至20%，甚至更低的水平（15%）（杨志勇，2020）。

二、优化税收立法程序

科学合理的设计、起草程序是实现税收确定性的必要条件，对于保证税法立法的质量、有效性与可接受性至关重要。

（一）建立恰当及时的磋商与沟通程序

恰当及时的磋商与沟通程序对于完善和优化立法程序来说尤为重要。税法的制定应在由财政部（牵头机构）、税务机关、企业和民间社会组织等利益相关者组成的三方税法设计模式下进行。在切实可行的范围内，政策制定部门在初步设计阶段应尽可能快地就税法变更进行磋商。如果磋商与其他税收政策目标相冲突则应进行事先咨询（IMF－OECD，2017）。可以考虑聘请一些外部专家，以确保税法设计能更好地了解法律、行业结构和商业实践方面的专业知识。此外，应就立法草案进行公众咨询，同纳税人之间建立起畅通的沟通渠道和高效及时的信息发布与反馈程序。一方面不仅可以及时传达纳税人的意见和诉求，在一定程度上尽可能在最终立法成果中体现纳税人的合理利益诉求；另一方面也可以在顺畅沟通的过程中使纳税人能更好地领会立法者的意图，为政策出台之后正确理解与遵守税法做好铺垫。

（二）构建清晰透明的税法设计、起草与监督程序

清晰透明的税法设计、起草程序的一般原则包括：一是可理解性，即确保税法易于阅读和遵循；二是组织性，即实现税法的良好内部组织，将税收规定纳入税法，同时与其他法律协调一致；三是有效性，即确保立法规定能够有效表达税法的政策目标；四是一体化，即与相关司法体系和起草风格保持一致。通过对税法的实体性条款与程序性条款作合理的结构安排可以提高税收立法的透明度。为了加强税法文本的可接受性，应当将实体性条款同程序性条款分开，这样既能有利于纳税人识别自己的合法权利，更迅速地找到对征收程序进行监管和对自己权益进行保护的条款，也能使税务机关更方便快捷地确定自己的行政权力，并促进不同税种之间行政规定的进一步协调，使税法具备更好的清晰度和透明度，从而提升税收的确定性（IMF - OECD，2017）。同时，在实体性条款内部也应作合理的结构安排。税法的实体性条款按照调整对象的性质不同可以分为一般性实体条款和特殊性实体条款，前者涉及的是全体纳税人，而后者针对的是特定的纳税对象（如合伙企业）、特定的行业（如采掘业）和特定的交易（如国际贸易），特殊性实体条款应分组并列在一般性实体条款之后。

此外，还应对新税法的执行情况进行早期监测，以确保新的税收法案能够按预期运作，这对于未来的立法改进和确保提供适当的行政指导至关重要。系统透明的税收监管也可以限制税法过于频繁的变动，例如税收支出的年度审查可能会对降低税收不确定性产生积极作用。

三、保持税法的相对稳定性

税法的制定应与一定的经济基础相适应，一旦制定下来，就应在一定阶段内保持其稳定性，不能朝令夕改、频繁变动，否则不仅会破坏税法的权威和严肃性，而且会由于改变了纳税人适用税法的预期而对其经济决策造成困扰。因此，政策制定者应将税收立法变动的频率控制在最低限度，并及时通报税法变动情况。在不违反政府其他经济和社会目标的情况下，如果将税法变动的频率保持在最低限度，确定性就会大大增强。在重大地方性涉企税费政策出台前，充分征求行业主管部门、企业代表、行业协会、专业服务机构

的意见，并根据具体情况设置过渡期政策，增强政策稳定性（张国钧，2018）。在确要更改的地方，应避免不适当的追溯，前瞻性地实施税收立法的改革。税法中溯及既往现象的存在固然有其合理性和实际价值，但不容否认的是，其对税法的稳定性与安定性追求是一种不可忽视的伤害。所以，在制定税法时，一方面，出于现实利益的考量，难以完全杜绝具有溯及既往效力的条款出现；另一方面，必须采取得力措施减少溯及既往现象对税法稳定性的伤害，这种伤害应限制在最低程度之内以维护税收的确定性。具体措施包括：制定税法时控制设置具有溯及既往效力条款的标准，除非有非常大的必要性不得设置；严格限制税法条款中溯及既往效力的时间与空间范围。这一限制可以将具有溯及既往效力的条款对法律的安定性的破坏局限于一个"狭窄的时间与空间"范围之内（IMF – OECD，2017）。

四、降低税法的复杂性和模糊性

通常情况下，税法起草者为了实现立法目的，会力图将各种情形尽可能纳入税法条文中，其结果就是导致税法在表述上的高度复杂性，给各类纳税主体和税务机关带来理解上的巨大障碍，为执法和司法过程中产生冲突埋下隐患。而便利、简洁的程序和计算方法有助于纳税人准确地理解和正确地计算应纳税额，自然会减少征纳双方的争议，大大降低纳税人的交易成本。

首先，由于税法具有相当程度的专业性，要保证其科学性和专业质量需要税法专家或相关领域的税务专家的积极参与。可将专家的意见纳入立法程序，使专业知识能够融入决策过程，方便与纳税人沟通，降低与税务机关互动的复杂性和不确定性。

其次，降低税法起草方法的复杂性，在确定性和简单性之间达成适当的平衡。在税法的起草过程中，在保证税收立法明确清晰的前提下尝试采用一定比例原则导向的规则制定方式是行之有效的措施（杨洪，2019）。原则导向是指在制定规则时以原则为基础，针对特定的调整对象提出原则性的规定，而不企图对可能出现的所有问题和情况提供具体而详尽的规则的方法。该制定规则的方法最显著的优点是依此制定的规则在内容上往往简洁明了。相较于原则导向，采用规则导向虽然考虑较为周全详尽，但在不断变化的新情况面前，立法者常常需要对税法进行修订与补充。长此以往，税法将变得非常复杂与烦琐，让税务机关、纳税人难以正确理解、执行和遵守，成为造成税收不确定性的重要因素。原则导向的起草方法要求在初步条款中规定其总的原则，然后在具体的条款中解释偏离该原则的情况。将支持核心法律规定的进一步详细规定留给附属立法（如条例）或纳税人指南。使用基于原则的税法起草方法，既可以避免使税法过于复杂和难以理解的过于详尽的规则，也提高了税法在面对不断变化的交易结构和实践时的弹性，可以促进税法立法文本的连贯性与可读性，从而提高了法律适用与管理的透明度和确定性。

最后，设置追诉时效是降低税法复杂性和不确定性影响的有效工具。目前，我国在《税收征管法》中规定了税款追征期限的起算时间，但没规定截止时间。在修订《税收征管法》时，有必要对税款追征期的截止时间作出明确规定（李岱云，2019）。建议在对追征期制度加以完善时，参考适用行政处罚与刑事追究时效制度的相关规定。由于税收征管法与行政处罚法同属行政法范畴，是同一部门法中的两部单行法律，具有相同的法律价值取向，且由于《税收征管法》中同样有关于税务行政处罚追究时效的规定，若两者在计算追究时效的截止时间上不具有同一性，则会造成同一税收违法事实在税务处理和税务处罚上追究时效不一致的现象，既不利于纳税人理解税法，也不利于维护税法的统一。

第二节　提高税收执法层面的确定性

一、强化税收管理的可预测性和前后一致性

及时发布税收裁定和技术解释可以增强税务机关进行税务处理的可预测性及前后一致性，有利于明确税法的行政管理，提高纳税人对法律及其要求的认识，从而减少发生纠纷的可能性。由于交易类型纷繁复杂和税法的不完备性，国际上普遍采用税务事先裁定制度为纳税人提供确定的政策指引，以减少纳税人未来涉税交易适用税法的不确定性。

（一）强调税法的可预测性，适当干预和调节市场运行

传统意义上的税收法律主义是以规则的明确性和稳定性实现对征税权的控制的。将征税权限于法律明文规定的范围内，避免征税权的行使对人民的合法权利造成过多的侵害。

税收政策的相机抉择性决定了税收政策的变动性和灵活性远远超过其稳定性和可预测性。经济的发展变化，使得税收政策只有保有一定的灵活性，才能适应经济形势的发展要求，对市场运行予以干预和调节。但税收法定主义所要求的税法的稳定性和可预测性仍应受到强调，并不仅仅表现在税法规范的稳定性上，而是更多地表现为市场主体的一定利益的保护上。

税法的稳定性与可预测性，其目的在于保障人民基于对税法的合理信赖而进行相关的经济行为所获得的合法权利不因税法变更而受到侵害。因此，使市场主体依据税法所进行的经济活动在新的税收政策做出时仍继续维持其可获得的利益，保护市场主体的既得利益，也可保障税法规范的稳定性。

（二）建立事先裁定制度，积极落实税收管理的前后一致性

事先裁定制度可以帮助纳税人在进行税务事项之前清楚地了解相应的税法适用后果，形成稳定的政策预期，进而合理安排自己的经济活动，有效降低政策不确定性带来的风险，是一项可以提高税法透明度、降低企业税务风险、增强税收执法统一性的重要制度安排。尤其在一些税法对于个案适用没有十分清晰的执行细节意见的情况下，事先裁定制度的作用更为显著。目前，许多国家和地区都已引入了涉税事项事先裁定制度，已经建立了成熟的应用和管理机制，在提高投资便利程度、稳定市场预期、营造良好税收营商环境方面发挥了积极作用。

我国《税收征收管理法修订草案（征求意见稿）》第46条采用行政模式规定了税收事先裁定条款："税务机关应当建立纳税人适用税法的预约裁定制度。纳税人对其预期未来发生、有重要经济利益关系的特定复杂事项，难以直接适用税法制度进行核算和计税时，可以申请预约裁定。省以上税务机关可以在法定权限内对纳税人适用税法问题做出书面预约裁定。纳税人遵从预约裁定而出现未缴或少缴税款的，免除缴纳责任。"欲从立法层面赋予该项制度正式法律地位。但由于草案对事先裁定的主体和范围规定得过于笼统与抽象，最终未被纳入《税收征收管理法》中。阻碍其入法的主要问题是：一是把税收事先裁定机关定位为"省级以上税务机关"是否科学；二是税收事先裁定的范围该如何确定（王波，2018）。作为一项创新的税收征管方式，税收事先裁定亟待以更规范、具体的法律形式确立下来。因此，《税收征管法》修订中进一步厘清事先裁定的主体定位与范围，将事先裁定制度法治化，为事先裁定制度的落地实施提供明确的法律依据。

二、加强税企合作，改善征纳双方关系

（一）建立合作遵从制度，加强征纳双方合作

在自愿基础上建立征纳双方的合作遵从制度，加强征纳双方合作有助于提高税收确定性。税收遵从是指纳税人的行为要完全符合税收制度规定，比如应当进行税务登记、在合规的时间内填写纳税申报表、申报按照税法规定应缴纳的税额、自觉履行纳税义务。合作遵从制度的理念正由事后评估转变为事前评估。税务部门从通过纳税人申报后进行干预审计或分析交易转变为在交易发生或税收事件发生就进行税收评估，不但降低了纳税人被核查的心理负担，增加了税收的确定性，也进一步提高了纳税人的税收遵从度。纳税人发现任何税务风险问题都应主动通知税务机关，纳税人也可以聘请税务专业人员进行税务评估，或者要求税务机关提供实时审计（Beck & Lisowsky，2014）。有效的税务审计程序不仅是一种威慑机制，而且是纳税人教育和预防纠纷的有效工具。税务机关与纳税人之间普遍的合作态度可以避免并迅速解决冲突和不确定性。此外，随着计算机技术的发展，大数据、云计算、区块链、人工智能、虚拟现实等与纳税活动有效结合，也可以促进税收合作遵从目标的实现。如人工智能与税务登记的结合，可以降低纳税人的遵从成本；区块链与税务监督的结合，可以降低税务机关的管控难度；大数据技术与信息共享的结合，可以提高合作伙伴与税务部门之间信息的互通效率等。

（二）以纳税人实际需求为立足点，加强税收政策的解读和培训

从纳税人的实际需求出发，税务部门可定期上门征集企业税收需求，为企业解决涉税问题提供及时科学的税收指引服务。同时，可根据企业的经营特点和涉税业务，分级分类梳理可能涉及的税收风险，主动为企业提供个性化的涉税风险分析报告，推行定制式服务，最大限度上帮助企业减少涉税风险。同时，强化税收政策的宣传、解读和培训，也有助于建立良好的税收征纳关系，提高税收的确定性。地方政府或税务部门制定的各项政策，应当自发布之日起三日内在政务服务平台公开，建立涉企政策辅导机制，通过宣传、解读和接受咨询等多种方式为企业提供咨询、解读服务，提高企业对税收政策的知晓度（毛圣慧和王铁铮，2020）。税务机关开展的税收政策宣传活动，

宣传途径已基本覆盖纳税人获取外界信息的各种渠道，如微信公众号、网站、国家税务总局 12366 纳税服务平台等。除此之外，也采用了很多纳税人喜闻乐见的传播方式，如税宣动漫、视频点播、直播等，但内容设计依然有所欠缺，没有充分考虑纳税人的理解能力和认知水平。碎片化的宣传方式，也难以帮助纳税人全面掌握税收政策，影响政策宣传效果（贾先川和朱甜甜，2019）。对税收政策的解释和宣传应当以纳税人的实际需求为立足点，注重内容的通俗化，尽量将晦涩难懂的专业术语转化为通俗易懂的日常用语，帮助纳税人全面理解和掌握税收政策，以实现最佳的效果。

三、建立有效及时的争端解决机制

有效及时的争端解决机制对增强纳税人和税务当局的税收确定性至关重要。如果缺乏有效的纠纷解决机制，纳税人对税收制度公正性的信任会受到侵蚀，并危及以自我评估为基础的现代税收制度的基础。因其可以向税务决策者和税务管理人员提供一个关于税务制度的弹性及实现目标的持续能力的重要反馈，因此有效及时的争端解决机制对确保税收制度的完整性也是必不可少的。

（一）构建合理的专家参与调解制度，提升独立决策过程的透明性

公正、独立于审计活动的纠纷解决机制方便纳税人有效及时化解纠纷。该机制应建立在纳税人了解和理解的法律框架基础上，易于获得并保证独立决策过程的透明性。

基于税收争端解决的复杂性和技术性，为了从更为中性的立场角度形成柔性的争端解决方式，优先考虑构建合理的专家参与调解制度。调解专家的介入有助于帮助税务机关明晰争端事实，正确适用法律，从而得到更为公平合理的结果，保障纳税人的合法权益。调解专家除了就法律适用问题发表意见之外，对于案件争端涉及事实或证据问题的，还可以基于独立的第三方立场，聘请相关领域专家对事实要素进行独立评估，从而有助于推动争端双方解决重大分歧。

（二）遴选专业人士组建专家委员会，确保纠纷解决机制的独立性

与相互协商程序相比，调解更为独立，更有利于解决因立场差异造成的

僵局（国家税务总局税收科学研究所课题组，2020）。可在国家税务总局、省局设立专家委员会，由系统外具有较强公信力的权威学者、专家担任主任，委员会设立专家库，由从全国择优遴选的专业人士组成。专家委员会对税企争议案例要实行匿名审查，从专家资源库中随机选出专家学者经集体审议后形成调解或仲裁意见。形成的调解或仲裁决定对双方均有约束力，税务机关如无特殊情况，应服从调解意见和仲裁决定；纳税人对行政复议决定的结果不满意的，可以进入司法复议阶段，但不得对该调解或仲裁决定复议或提起上诉。

除此之外，有效的争端解决机制还应包括：纳税人提出异议或上诉、审查机关或法庭作出决定的合理时限规定、纳税人承担举证责任的规定、纳税人是否暂缓审查或者上诉的情形规定等。

第七章

研究结论与展望

第一节　研究结论

近年来，全球经济格局正在发生深刻的变化，不确定性特征日益凸显。对于微观经济主体而言，税收不确定性无疑也是整个经济环境不确定性的重要组成部分，必然会影响到微观主体的经济决策和经济活动。如何提高经济政策包括税收政策的透明度和确定性，关系到宏观经济的稳定发展和微观主体的经济活力特别是企业投资的积极性。税收不确定性问题已经引起学界的广泛关注。

我国税收不确定性来源于多个方面，导致企业在税收环境方面面临相当大的不确定性：税收立法方面，经济的发展和政治周期的变更促使税收政策频繁调整，缺乏稳定性；现行税法和程序本身的复杂性、抽象性，以及税收条款之间由于体系不一而产生相互冲突，增加了征纳双方理解和掌握税法的难度，不仅增加了纳税遵从成本，也容易引发税企争议。税收执法方面，税务执法机关的执法尺度不一、自由裁量权较大带来了执法随意性问题，大大提高了征纳双方发生涉税争议的可能性，导致了税收执法的不确定性；税收解释制度的设计和执行上还存在诸多的瑕疵，不利于纳税人更好地理解税法等。进一步深入探析我国上市公司税收不确定性的现状后发现，我国企业确实面临着一定程度的税收不确定性问题，且不同经济区域、不同规模和不同行业企业具有一定的差异性，但不同产权性质企业在税收不确定性方面差异并不明显。具体而言，中西部地区、小规模企业、农林牧渔和高科技等行业的企业面临的税收不确定性更高。

在此基础上，本书选取2007～2017年中国沪深A股上市公司数据，基于税收不确定性影响企业投融资的理论视角，实证检验税收不确定性对企业投融资行为的总体影响、影响机制及经济后果。实证结果表明，税收不确定性会扭曲企业投融资行为，降低企业资源配置效率。具体而言，主要结论如下。

1. 在税收不确定性影响企业债务融资方面。

第一，税收不确定性降低了企业债务融资规模。有效税率的波动综合反映了企业税收政策的变化和纳税情况的波动，因此本书使用企业所得税实际税率的波动性来度量企业面临的税收不确定性状况。实证研究发现，税收不确定性降低了企业债务融资规模。从资金需求方面看，税收不确定性提高可能会加剧企业税后现金流波动，使企业面临更大的财务困境和更高的破产风险，企业可能会出于规避风险的考虑选择主动降低债务融资规模。从资金供给方面，税收不确定性增大了金融摩擦，增加了股权和期限的风险溢价，恶化了外部融资环境。为了规避风险，银行通常会采取紧缩的信贷政策，从而降低了企业融资的可获得性。在采用替代指标检验、改变回归方法、加入宏观经济变量进行稳健性检验后，以上结论依然成立。

第二，税收不确定性对企业债务融资水平的负向影响在融资约束程度更高、市场需求更低的企业更显著。（1）融资约束程度越高的企业原本的外部融资成本就大，面对较高的税收不确定性时其外部融资成本相对来说可能更高，因此有更强的动机降低债务融资水平。（2）市场需求较低的企业意味着未来企业的销售收入变得更加不确定，在这种情况下企业减少投资的可能性增加，进而降低了企业的融资需求；并且税收不确定性增加了企业信贷融资成本，企业面临的融资约束更加严重，企业更加不愿意进行债务融资。（3）进一步区分企业所在地区，规模和是否高新技术企业后发现，中西部地区、小规模企业和高科技行业，税收不确定性对企业债务融资水平的负向影响更大。

第三，影响机制分析表明，税收不确定性增加了企业现金流的波动性，而现金流的波动性降低了债务融资水平，现金流波动性在税收不确定性降低债务融资水平的影响中起到了部分中介作用。其理论逻辑是，当税收不确定性加大时，受折旧和所得税率影响的企业纳税额的波动也会相应增大，进而增加公司整体税后现金流的波动性，预示着企业面临更高的财务困境和破产风险。如果企业自身无足够的现金流，又缺少偿债能力无力从外部筹资，就会陷入难以为继的窘境。出于规避风险的考虑，企业可能会选择主动降低债务融资规模以降低面临的各种风险。

第四，税收不确定性对债务融资成本和债务期限结构的影响。税收不确定性增大了金融市场摩擦，提高了企业债务融资成本。其原因是，税收不确定性升高时期，由于银行和企业之间的信息不对称程度增加，金融机构不仅会对贷款公司实行更加严格的审查，而且可能提高对企业的抵押品要求或通过提高贷款利率的方式来甄别企业，导致企业贷款成本上升，使公司获得信贷融资的成本变得更加高昂。在区分企业的信贷结构期限后，发现税收不确定性主要是降低了企业短期借款，对长期借款的影响不明显。

2. 在税收不确定性影响企业投资方面。

第一，税收不确定性降低了企业投资规模。一方面，基于实物期权视角，税收不确定性对企业投资存在着"二阶距冲击"效应，即企业对投资收益的预期受到了税收不确定性的影响，在企业未能获取到有利信息之前，投资决策会受到较大程度的抑制。另一方面，基于金融摩擦视角，税收的不确定性增大了企业税后现金流的波动，加剧了银行和企业信息不对称，提高了企业外部融资溢价，降低了融资的可获得性，使得企业面临的融资约束程度加剧从而减少投资支出。在采用替代指标检验、改变回归方法、加入宏观经济变量进行稳健性检验后，以上结论依然成立。

第二，税收不确定性对企业投资水平的负向影响在融资约束程度和资本不可逆程度更高、市场化程度更低的企业更显著。（1）存在融资约束的企业面临更高昂的外部融资成本，外部融资成本越高企业投资越少。税收不确定性使企业资本边际产出和融资成本间的差距进一步扩大，因此税收不确定性对企业投资水平的负向影响在融资约束程度更高的企业更显著。（2）税收不确定性的上升会增加企业等待的期权的价值，且这一等待的期权价值与资本的不可逆程度有关。企业资本不可逆程度越高，等待期权的价值就越大，因此资本不可逆程度越高的企业，税收不确定性对投资的负向影响越大。（3）市场化水平越高的地区，税收的规制力度越大，税收的确定性程度也越高，企业投资受税收不确定性影响的程度越小。（4）进一步区分企业所在地区，规模和是否高新技术企业后发现，中西部地区、小规模企业和高科技行业，税收不确定性对企业投资水平的负向影响更大。

第三，影响机制分析表明，现金流不确定性是税收不确定性抑制企业投资的中介因素。其理论逻辑是：未来投资的等待价值与未来现金流量的不确定性显著正相关，经济政策不确定性的上升会通过提升现金流的不确定性提高期权的等待价值。税收不确定性加大了企业税后现金流的波动性，增加了管理者预测未来现金流的难度，在获得有利信息之前企业会主动缩减投资。实证结果表明，现金流波动性在税收不确定性对企业投资的负向影响中起到部分中介作用。

第四，税收不确定性降低了企业投资效率，主要是导致了企业投资不足。税收不确定性增大时期，企业对未来现金流的可预测性下降，对投资项目未来前景的判断可能会产生偏差，导致推迟了净现值可能为正的投资项目，造成企业投资不足，投资效率下降。企业对投资项目的选择还将影响公司未来收益，体现为更高的公司价值。稳定而透明的税收政策则有助于企业更加准确地预测边际成本，有助于企业提高资本回报率，税收的不确定性则会使企业未能充分利用好的投资机会实现企业成长，降低了公司业绩。

结合以上我国税收不确定性现状及其对企业投融资效应的分析，本书提出以下政策建议：在税收立法层面提高税收确定性，包括：全面落实税收法定原则，将税收法治理念贯彻到税收立法和税收执法各个层面；优化税收立法程序，建立恰当及时的磋商沟通程序和清晰透明的税法设计起草程序；保持税法的相对稳定性，在确要修改的地方避免不适当的追溯；将专家意见纳入立法程序，尽量降低税法起草的复杂性和模糊性等措施。在税收执法层面提高税收确定性，包括：及时发布税收裁定和技术解释，强化税收管理的可预测性和前后一致性；建立合作遵从制度，加强税企合作，强化对税收政策的解读和培训；建立有效和及时的争端解决机制等措施。

第二节 研究不足与展望

本书的研究仍存在以下不足。

首先，对税收不确定性的测量本应是本研究的创新点所在，但囿于一些客观条件的限制（如数据的获取和本人对计量方法的应用等方面），本书对于税收不确定性测量指标的选取主要是基于已有的文献，指标较为单一，且缺少原创性。本书采用实际税率波动代表税收不确定性，更多反映的是企业纳税波动的情况，可以说是一个结果变量指标，代表的是整体上税收不确定性，未能区分不同来源的税收不确定性，因此不能对税收不确定性的现状和影响作精细化的考察。并且基于微观税负视角构建的税收不确定性测量指标，其和企业投融资之间的内生性问题也难以完全克服。

其次，不同来源的税收不确定性其影响的传导机制可能并不相同，本书在论述上并未具体区分。如税法变动产生的不确定性和税收执法方面的行政自由裁量权导致的不确定性其影响机理可能是有差异的，本书并未识别这种差异并考察不同来源税收不确定性的影响机理。

最后，对税收制度和税收法律的了解和认识不足，导致理论和实际的联系上有一定脱节。一是在理论分析部分没能更好地联系具体的税收政策进行分析，二是在政策建议部分提出的建议较为空洞，欠缺条理性。在今后的研究工作中，笔者会进一步学习税制和税法相关内容，争取让研究工作更加接地气。

未来笔者除了继续完善以上研究的局限性之外，还希望在以下方面作进一步的拓展。

首先，结合我国实际情况，采取创新的方法科学区分出税法立法方面的不确定性和税收征管方面的不确定性，使用地区数据构建更加科学、客观度量不同类型税收不确定性的衡量指标，最大限度上克服税收不确定性衡量方面的内生性问题。

其次，开展更多的实证研究，阐明各种形式的税收不确定性的宏观经济效应和微观经济效应，深入讨论各种税收不确定性对企业、金融市场以及诸如增长、就业等宏观经济变量的影响。

最后，将税收不确定性纳入政策研究框架，在税收政策评估过程中对降低税收不确定性措施的效果进行评估，针对如何构建完善和稳定的税收体制框架开展更加精细化的研究。

参 考 文 献

［1］才国伟，吴华强，徐信忠．政策不确定性对公司投融资行为的影响研究［J］．金融研究，2018（3）：89-104．

［2］曹越，陈文瑞．固定资产加速折旧的政策效应：来自财税〔2014〕75号的经验证据［J］．中央财经大学学报，2017（11）：58-74．

［3］陈德球，陈运森，董志勇．政策不确定性、市场竞争与资本配置［J］．金融研究，2017（11）：65-80．

［4］陈冬，孔墨奇，王红建．投我以桃，报之以李：经济周期与国企避税［J］．管理世界，2016（5）：46-63．

［5］陈国进，王少谦．经济政策不确定性如何影响企业投资行为［J］．财贸经济，2016（5）：5-21．

［6］陈乐一，张喜艳．经济不确定性与经济波动研究进展［J］．经济学动态，2018（6）：134-146．

［7］陈隆近，张军玲．隐性税收竞争及其税收透明度意涵［J］．税务研究，2017（9）：27-30．

［8］陈胤默，孙乾坤，文雯，张晓瑜．母国税收政策不确定性与企业对外直接投资［J］．世界经济研究，2019（11）：65-79，135．

［9］陈煜，方军雄．政策性优惠：馅饼还是陷阱？——基于固定资产加速折旧税收政策的检验［J］．证券市场导报，2018（6）：32-41．

［10］邓明．企业所得税有效税率与资本结构［J］．经济管理，2019（9）：175-190．

［11］樊纲，王小鲁，马光荣．中国市场化进程对经济增长的贡献［J］．经济研究，2011（9）：4-16．

［12］付文林，赵永辉．税收激励、现金流与企业投资结构偏向［J］．经济研究，2014（5）：19-33．

［13］龚辉．税收营商环境的优化路径与措施［N］．中国税务报，2019-

05 – 15.

[14] 龚旻，甘家武，蔡娟．税收政策不确定性与地区经济波动——基于中国市级面板数据的实证检验 [J]．云南财经大学学报，2018 (3)：13 – 24.

[15] 顾文涛，潘莉燕，李恒奎．经济政策不确定性、银行信贷与企业投资：基于企业异质性视角的实证分析 [J]．投资研究，2017 (2)：17 – 32.

[16] 郭庆旺，罗宁．税收法律复杂性的影响研究 [J]．现代财经，2002 (1)：9 – 12.

[17] 国家税务总局湖北省税务局课题组．世界银行营商环境报告纳税指标及我国得分情况分析 [J]．税务研究，2019 (1)：80 – 85.

[18] 国家税务总局税收科学研究所课题组．构建"一带一路"税收争端解决创新机制的研究 [J]．国际税收，2020 (5)：13 – 19.

[19] 何捷，张会丽，陆正飞．货币政策与集团企业负债模式研究 [J]．管理世界，2017 (5)：158 – 169.

[20] 黄明峰，吴斌．税收政策的变化影响公司资本结构吗？——基于两税合并的经验数据 [J]．南方经济，2010 (8)：17 – 28.

[21] 黄荣哲，农丽娜．税收结构调整与固定资产投资之间溢出效应研究——兼论营业税改征增值税政策的潜在影响 [J]．投资研究，2014 (1)：4 – 12.

[22] 黄小琳，朱松，陈关亭．持股金融机构对企业负债融资与债务结构的影响——基于上市公司的实证研究 [J]．金融研究，2015 (12)：130 – 145.

[23] 贾倩，孔祥，孙铮．政策不确定性与企业投资行为——基于省级地方官员变更的实证检验 [J]．财经研究，2013 (2)：81 – 91.

[24] 贾先川，朱甜甜．增强税收政策确定性的路径探析 [J]．税务研究，2015 (5)：110 – 113.

[25] 姜国华，饶品贵．宏观经济政策与微观企业行为——拓展会计与财务行为研究新领域 [J]．会计研究，2011 (3)：9 – 18，94.

[26] 蒋腾，张永冀，赵晓丽．经济政策不确定性与企业债务融资 [J]．管理评论，2018 (3)：29 – 39.

[27] 孔东民，代昀昊，李阳．政策冲击、市场环境与国企生产效率：现状、趋势与发展 [J]．管理世界，2014 (8)：4 – 17，187.

[28] 李成，张玉霞．中国"营改增"改革的政策效应：基于双重差分模型的检验 [J]．财政研究，2015 (2)：44 – 49.

[29] 李岱云. 明确税款追征期的截止时间, 增强税收法律的确定性 [N]. 澎湃新闻, 2019 – 01 – 07.

[30] 李凤羽, 杨墨竹. 经济政策不确定性会抑制企业投资吗? ——基于中国经济政策不确定指数的实证研究 [J]. 金融研究, 2015 (4): 115 – 129.

[31] 李增福, 李娟. 税率变动与资本结构调整——基于 2007 年新企业所得税法实施的研究 [J]. 经济科学, 2011 (5): 57 – 69.

[32] 林源, 马金华. 70 年: 中国经济体制转轨背景下税制改革的演变路径 [J]. 财政监督, 2019 (19): 12 – 16.

[33] 刘凤委, 邬展霞, 睦洋扬. 市场化程度、产权性质与公司税负波动研究 [J]. 税务研究, 2016 (3): 103 – 107.

[34] 刘贯春, 段玉柱, 刘媛媛. 经济政策不确定性、资产可逆性与固定资产投资 [J]. 经济研究, 2019 (8): 53 – 70.

[35] 刘贯春, 张军, 刘媛媛. 金融资产配置、宏观经济环境与企业杠杆率 [J]. 世界经济, 2018 (1): 148 – 173.

[36] 刘海明, 曹廷求. 宏观经济不确定性、政府干预与信贷资源配置 [J]. 经济管理, 2015 (6): 1 – 11.

[37] 刘康兵, 申朴, Elmer Sterken. 融资约束、不确定性与公司投资: 基于制造业上市公司面板数据的证据 [J]. 南开经济研究, 2011 (4): 86 – 97.

[38] 刘康兵, 申朴. 融资约束、不确定性与公司投资——理论分析与实证再考察 [J]. 复旦学报 (社会科学版), 2018 (4): 142 – 148.

[39] 刘尚希. 减税降费要着力发挥好引导预期的作用 [J]. 山东经济战略研究, 2019 (10): 35 – 37.

[40] 刘怡, 侯思捷, 耿纯. 增值税还是企业所得税促进了固定资产投资——基于东北三省税收政策的研究 [J]. 财贸经济, 2017 (6): 4 – 16, 114.

[41] 柳华平. 税收法律频繁变更的代价 [J]. 税务研究, 1995 (5): 56 – 60.

[42] 陆磊. 中国"灰犀牛"经济波动和金融市场波动 [J]. 中国经济报告, 2017 (12): 85 – 86.

[43] 陆猛, 吴国玖. 从税法不确定性视角探讨税收法定原则落实 [J]. 税务研究, 2017 (1): 62 – 65.

[44] 吕峻, 石荣. 宏观经济因素对公司资本结构影响的研究——兼论三种资本结构理论的关系 [J]. 当代经济科学, 2014 (6): 95 – 105, 126.

[45] 毛德凤，彭飞，刘华．税收激励对企业投资增长与投资结构偏向的影响 [J]．经济学动态，2016（7）：75 - 87．

[46] 毛捷，赵静，黄春元．增值税全面转型对投资和就业的影响——来自 2008 - 2009 年全国税收调查的经验证据 [J]．财贸经济，2014（6）：14 - 24．

[47] 毛圣慧，王铁铮．税收营商环境优化的国际经验借鉴及路径研究 [J]．河南师范大学学报（社会科学版），2020（4）：62 - 70．

[48] 倪国爱，董小红．经济政策不确定性、会计稳健性与债务融资 [J]．财贸研究，2019（6）：99 - 110．

[49] 聂辉华，方明月，李涛．增值税转型对企业行为和绩效的影响——以东北地区为例 [J]．管理世界，2009（5）：17 - 35．

[50] 潘越．公司诉讼风险、司法地方保护主义与企业创新 [J]．经济研究，2015（3）：131 - 145．

[51] 庞凤喜，刘畅．关于企业微观税负的衡量问题探讨 [J]．税务研究，2017（6）：15 - 19．

[52] 庞凤喜，薛刚，高亚军．税收原理与中国税制 [M]．3 版．北京：中国财政经济出版社，2017．

[53] 邱兆祥，刘远亮．宏观经济不确定性与银行资产组合行为：1995 ~ 2009 [J]．金融研究，2010（11）：34 - 44．

[54] 饶品贵，姜国华．货币政策对银行信贷与商业信用互动关系影响研究 [J]．经济研究，2013（1）：68 - 82，150．

[55] 饶品贵，岳衡，姜国华．经济政策不确定性与企业投资行为 [J]．世界经济，2017（2）：27 - 51．

[56] 邵凌云．小微企业税收治理浅析 [J]．税务研究，2019（10）：115 - 118．

[57] 宋全云，李晓，钱龙．经济政策不确定性与企业贷款成本 [J]．金融研究，2019（7）：57 - 75．

[58] 谭小芬，张文婧．经济政策不确定性影响企业投资的渠道分析 [J]．世界经济，2017（12）：3 - 26．

[59] 汤洁茵．税法续造与税收法定主义的实现机制 [J]．法学研究，2016，38（5）：67 - 85．

[60] 唐东会．税收政策影响企业物质资本投资的路径探究——基于国外

文献视角 [J]. 兰州学刊, 2019 (6): 99-113.

[61] 童盼, 陆正飞. 负债融资、负债来源与企业投资行为——来自中国上市公司的经验证据 [J]. 经济研究, 2005 (5): 75-84, 126.

[62] 万华林, 朱凯, 陈信元. 税制改革与公司投资价值相关性 [J]. 经济研究, 2012 (3): 65-75.

[63] 汪德华. 差异化间接税投资抵扣能改善企业投资结构吗?——来自中国 2009 年增值税转型改革的经验证据 [J]. 数量经济技术经济研究, 2016 (11): 41-58.

[64] 王波. 税收事先裁定的主体定位与范围厘清——基于实现税法确定性与促进"一带一路"倡议的功能视角 [J]. 上海财经大学学报, 2018 (6): 125-139.

[65] 王会波. 大型企业集团税务风险管控模式探讨 [J]. 会计之友, 2017 (11): 89-93.

[66] 王亮亮, 王跃堂. 工资税盾、替代效应与资本结构 [J]. 金融研究, 2016 (7): 113-133.

[67] 王亮亮, 王跃堂. 企业研发投入与资本结构选择——基于非债务税盾视角的分析 [J]. 中国工业经济, 2015 (11): 125-140.

[68] 王玮. 税收优惠的公共治理: 制度框架与我国的选择 [J]. 当代财经, 2017 (10): 26-33.

[69] 王小鲁, 樊纲, 胡李鹏. 中国分省份市场化指数报告 (2018) [M]. 北京: 社会科学文献出版社, 2019.

[70] 王义中, 宋敏. 宏观经济不确定性、资金需求与公司投资 [J]. 经济研究, 2014 (2): 4-17.

[71] 王跃堂, 王亮亮, 彭洋. 产权性质、债务税盾与资本结构 [J]. 经济研究, 2010 (9): 122-136.

[72] 吴联生, 岳衡. 税率调整和资本结构变动——基于我国取消"先征后返"所得税优惠政策的研究 [J]. 管理世界, 2006 (11): 111-118, 127.

[73] 吴联生. 国有股权、税收优惠与公司税负 [J]. 经济研究, 2009 (10): 109-120.

[74] 吴一平, 尹华. 政策不确定性对企业投资的异质性影响 [J]. 经济管理, 2016 (5): 10-20.

[75] 吴祖光，万迪昉．企业税收负担计量和影响因素研究述评 [J]．经济评论，2012 (6)：149 - 156.

[76] 伍丽菊，魏琳．产权因素对税率调节资本结构的影响 [J]．当代财经，2017 (12)：35 - 44.

[77] 熊伟．法治视野下清理规范税收优惠政策研究 [J]．中国法学，2014 (6)：154 - 168.

[78] 徐光伟，孙铮．货币政策信号、实际干预与企业投资行为 [J]．财经研究，2015 (7)：54 - 67.

[79] 徐业坤，钱先航，李维安．政治不确定性、政治关联与民营企业投资——来自市委书记更替的证据 [J]．管理世界，2013 (5)：116 - 130.

[80] 许天启，张轶龙，张睿．政策不确定性与企业融资成本差异——基于中国 EPU 数据 [J]．科研管理，2017 (4)：113 - 122.

[81] 许伟，陈斌开．税收激励和企业投资——基于 2004～2009 年增值税转型的自然实验 [J]．管理世界，2016 (5)：9 - 17.

[82] 杨道广，潘红波，陈汉文．政治关系、会计信息与银行信贷资本配置效率——来自中国民营上市公司的经验证据 [J]．投资研究，2014，33 (7)：26 - 40.

[83] 杨洪．税收的不确定性及其法律应对 [J]．法商研究，2019 (2)：78 - 88.

[84] 杨武，韩郦瑶，李升．税收政策不确定性的影响因素：基于 OECD 成员国的实证分析 [J]．国际税收，2019 (11)：48 - 57.

[85] 杨武，李升．税收征管不确定性与外商直接投资：促进还是抑制 [J]．财贸经济，2019 (11)：50 - 65.

[86] 杨志强，李增泉．混合所有制、环境不确定性与投资效率——基于产权专业化视角 [J]．上海财经大学学报，2018 (2)：4 - 24.

[87] 杨志勇．面向高水平社会主义市场经济体制的中国税制改革 [J]．改革，2020 (6)：19 - 26.

[88] 姚宇韬，王跃堂．"营改增"对企业资本结构的影响——基于非债务税盾的视角 [J]．南京师范大学学报（社会科学版），2019 (11)：30 - 143.

[89] 叶金育，税收优惠统一立法的证成与展开——以税收优惠生成模式为分析起点 [J]．江西财经大学学报，2016 (2)：114 - 128.

[90] 叶姗．税收优惠政策制定权的预算规制 [J]．广东社会科学，

2020 (1): 232 –242.

[91] 叶勇, 张丽. 政策不确定性与企业债务融资的实证研究——来自地级市层面的证据 [J]. 财经理论与实践, 2019 (3): 65 –73.

[92] 张成思, 刘贯春. 中国实业部门投融资决策机制研究——基于经济政策不确定性和融资约束异质性视角 [J]. 经济研究, 2018 (12): 51 –67.

[93] 张国钧. 优化税收营商环境的调查与思考 [J]. 税务研究, 2018 (11): 25 –28.

[94] 赵连伟. 营改增的企业成长效应研究 [J]. 中央财经大学学报, 2015 (7): 20 –27.

[95] 郑立东, 程小可, 姚立杰. 经济政策不确定性、行业周期性与现金持有动态调整 [J]. 中央财经大学学报, 2014 (12): 68 –78.

[96] 朱军. 中国财政政策不确定性的指数构建、特征与诱因 [J]. 财贸经济, 2017 (10): 22 –36.

[97] Abel A B. Optimal investment under uncertainty [J]. American Economic Review, 1983, 73 (1): 228 –233.

[98] Agliardi E. Taxation and investment decisions: A real option approach [J]. Australian Economic Papers, 2001 (40): 44 –55.

[99] Alaa El-Shazly A. Investment under tax policy uncertainty: A neoclassical approach [J]. Public Finance Review, 2009, 37 (6): 732 –749.

[100] Allen F, Qian J & Zhang C Y, et al. China's financial system: Opportunities and challenges [R]. National Bureau of Economic Research, 2012.

[101] Alm J. Uncertain tax policies, individual behavior, and welfare [J]. American Economic Review, 1988, 78 (1): 237 –245.

[102] Altug S, Demers F S & Demers M. The investment tax credit and irreversible investment [J]. Journal of Macroeconomics, 2009, 31 (4): 509 –522.

[103] Alvarez L H R, Kanniainen V & Södersten J. Tax policy uncertainty and corporate investment: A theory of tax-induced investment spurts [J]. Journal of Public Economics, 1998 (69): 17 –48.

[104] Anderson R W & Carverhill A. Corporate liquidity and capital structure [J]. Review of Financial Studies, 2012, 25 (3): 797 –837.

[105] Auerbach A & Hines J. Investment tax incentives and frequent tax reforms [J]. American Economic Review, 1988, 78 (2): 211 –216.

［106］ Auerbach A J & Hassett K A. Tax policy and business fixed investment in the United States ［J］. Journal of Public Economics, 1992, 47 (2): 141 – 170.

［107］ Baker S R, Bloom N & Davis S J. Measuring economic policy uncertainty ［J］. The Quarterly Journal of Economics, 2016, 131 (4): 1593 – 1636.

［108］ Baron R M & Kenny D A. The moderator-mediator variable distinction in social psychological research: Conceptual, strategic, and statistical considerations ［J］. Journal of Personality and Social Psychology, 1986, 51 (6): 1173 – 1182.

［109］ Bates T W, Kahle K M & Stulz R M. Why do U. S. firms hold so much more cash than they used to? ［J］. Journal of Finance, 2009, 64 (5): 1985 – 2021.

［110］ Baum C F, Caglayan M & Stephan A, et al. Uncertainty determinants of corporate liquidity ［J］. Economic Modeling, 2006, 25 (5): 833 – 849.

［111］ Baum C F, Caglayan M & Ozkan N. The second moments matter: The impact of macroeconomic uncertainty on the allocation of loanable funds ［J］. Economics Letters, 2009, 102 (2): 87 – 89.

［112］ Beaudry P, Caglayan M & Schiantarelli F. Monetary instability, the predictability of prices and the allocation of investment: An empirical investigation using U. K. panel data ［J］. The American Economic Reviews, 2001, 91 (3): 648 – 662.

［113］ Beck P J & Lisowsky P. Tax uncertainty and voluntary real-time tax audits ［J］. The Accounting Review, 2014 (89): 867 – 901.

［114］ Bernanke B & Gertler M. Agency costs, net worth, and business fluctuations ［J］. The American Economic Review, 1989, 79 (1): 14 – 31.

［115］ Bernanke B S, Mark G & Gilchrist S. The financial accelerator in a quantitative business cycle framework ［J］. Handbook of Macroeconomics, 1999 (1): 1341 – 1393.

［116］ Bernanke B. Irreversibility, uncertainty and cyclical investment ［J］. The Quarterly Journal of Economics, 1983, 98 (1): 85 – 106.

［117］ Bizer D S & Judd K L. Taxation and uncertainty ［J］. American Economic Review, 1989, 79 (2): 331 – 336.

［118］ Bloom N, Bond S & Reenen J V. Uncertainty and investment dynamics ［J］. Review of Economic Studies, 2007 （74）: 391 – 415.

［119］ Bloom N. Fluctuations in uncertainty ［J］. Journal of Economic Perspectives, 2014, 28 （2）: 153 – 176.

［120］ Bloom N. The impact of uncertainty shocks ［J］. Econometrica, 2009, （77）: 623 – 658.

［121］ Blouin J L, Devereux M & Schackelford D A. Investment, tax uncertainty, and aggressive tax avoidance, Working Paper, mimeo, 2012.

［122］ Blundell R & Bond S. Initial conditions and moment restrictions in dynamic panel data models ［J］. Journal of econometrics, 1998, 87 （1）: 115 – 143.

［123］ Böckem S. Investment and politics: Does tax fear delay investment? ［J］. Finanz Archiv, 2001, 58 （1）: 60 – 77.

［124］ Bordo M D, Duca J & Koch C. Economic policy uncertainty and the credit channel: Aggregate and bank level US evidence over several decades ［J］. Journal of Financial Stability, 2016 （26）: 90 – 106.

［125］ Bradley M, Jarrell G A & Kim E H. On the existence of and optimal capital structure: Theory and evidence ［J］. The Journal of Finance, 1984 （39）: 857 – 878.

［126］ Brown J L, Lin KC & Wellman L. Tax policy uncertainty and stock return volatility, 2017. Available at SSRN: https://ssrn.com/abstract = 2348414.

［127］ Cai J & Harrison. The value-added tax reform puzzle ［Z］. NBER Working Paper, 2015, 17532.

［128］ Calomiris C & Ramirez C. The role of financial relationships in the history of American corporate finance ［J］. Journal of Applied Corporate Finance, 1996, 9 （2）: 52 – 73.

［129］ Campello M, Giambona E & Graham J R, et al. Liquidity management and corporate investment during a financial crisis ［J］. Review of Financial Studies, 2011, 24 （6）: 1944 – 1979.

［130］ Chun Y. J. The redistributive effect of risky taxation ［J］. International Tax and Public Finance, 2001, 8 （4）: 433 – 454.

［131］ Covas F &. Haan W J D. The cyclical behavior of debt and equity finance [J]. American Economic Review, 2011, 101 (2): 877 – 899.

[132] Croce M M, Kung H & Nguyen T T, et al. Fiscal policies and asset prices, Working paper, UNC, 2016.

[133] Cummins J G & Hassett K A. The effects of taxation on investment: New evidence from firm level panel data [J]. National Tax Journal, 1992, 45 (3): 243 – 251.

[134] Cummins J G, Hasset K A & Hubbard R G. A reconsideration of investment behavior using tax reforms as natural experiments [J]. Brookings Papers on Economic Activity, 1994 (2): 1 – 74.

[135] DeAngelo H. & R. W. Masulis. Optimal capital structure under corporate and personal taxation [J]. Journal of Financial Economics, 1980, 8 (1): 3 – 29.

[136] Desai M A & Goolsbee A D. Investment, overhang, and tax policy [J]. Brookings Papers on Economic Activity, 2004 (2): 285 – 338.

[137] Devereux M. Measuring corporate tax uncertainty across countries: Evidence from a cross-section survey. Mimeo, Oxford University Center for Business Taxation, 2016.

[138] Diller M, Kortebusch P & Schneider G T, et al. Boone or bane? Advance tax rulings as measure to mitigate tax uncertainty and foster investment [J]. European Accounting Review, 2017, 26 (3): 441 – 468.

[139] Dixit A. & Pindyck R. Investment under uncertainty. Princeton University Press: Princeton, New Jersey, 1994.

[140] Dotsey M. The economic effects of production taxes in a stochastic growth model [J]. American Economic Review, 1990, 80 (5): 1168 – 1182.

[141] Drake K D, Lusch S J & Stekelberg J. Does tax risk affect investor valuation of tax avoidance? [J]. Journal of Accounting, Auditing, and Finance, 2017, 34 (1).

[142] Dyreng S D, Hanlon M & Maydew E L. When does tax avoidance result in tax uncertainty? [J]. Accounting Review, 2019, 94 (2): 179 – 203.

[143] Edmiston K D, Mudd S & Valev N T. Tax structures and FDI: The deterrent effects of complexities and uncertainty [J]. Fiscal Studies, 2003, 24 (3): 341 – 359.

[144] Edmiston K D. Tax uncertainty and investment: A cross-country empirical examination [J]. Economic Inquiry, 2004, 42 (3): 425 – 440.

[145] Ellsberg D. Risk, ambiguity, and the savage axioms [J]. Quarterly Journal of Economics, 1961 (75): 643 – 669.

[146] Fazzari S, Hubbard R G & Petersen B. Financing constraints and corporate investment [J]. Brooking Papers of Economic Activities, 1988 (1): 141 – 195.

[147] Fernández-Villaverde J, Pablo G Q & Keith K, et al. Fiscal volatility shocks and economic activity [J]. American Economic Review, 2015, 105 (11): 3352 – 3384.

[148] Flannery M J & Rangan K P. Partial adjustment toward target capital structures [J]. Journal of Financial Economics, 2006, 79 (3): 469 – 506.

[149] Fluck Z. Optimal financial contracting: Debt versus outside equity [J]. Review of Financial Studies, 1998, 11 (2): 383 – 419.

[150] Francis B B, Hasan I & Zhu Y. Political uncertainty and bank loan contracting [J]. Journal of Empirical Finance, 2014 (29): 281 – 286.

[151] Froot K, Scharfstein D S & Stein J C. Risk management: Coordinating corporate investment and financing policies [J]. Journal of Finance, 1993 (48): 1624 – 1658.

[152] Gan J. Collateral, debt capacity, and corporate investment: Evidence from a natural experiment [J]. Journal of Financial Economics, 2007, 85 (3): 709 – 734.

[153] Gatev E & Strahan P E. Banks' advantage in hedging liquidity risk: Theory and evidence from the commercial paper market [J]. The Journal of Finance, 2006, 61 (2): 867 – 892.

[154] Gilchrist S, Sim J W & Zakrajsek E. Uncertainty, financial frictions, and investment dynamics. NBER Working Paper, National Bureau of Economic Research, 2014, 20038.

[155] Givoly D & Hayn C. The valuation of the deferred tax liability: Evidence from the stock market [J]. Accounting Review, 1992: 394 – 410.

[156] Givoly D, Hayn C & Ofer A R, et al. Taxes and capital structure: Evidence from firms' response to the tax reform act of 1986 [J]. Review of Finan-

cial Studies, 1992, 5 (2): 331 – 355.

[157] Gomes F, Kotlikoff L & Viceira L M. The excess burden of government indecision [J]. Tax Policy and the Economy, 2012, 26 (1): 125 – 164.

[158] Graham J R. Debt and the marginal tax rate [J]. Journal of Financial Economics, 1996, 41 (14): 41 – 74.

[159] Graham J R. How big are the tax benefits of debt? [J]. Journal of Finance, 2000 (55): 1901 – 1941.

[160] Guenther D A, Matsunaga S R & Williams. Is tax avoidance related to firm risk? [J]. The Accounting Review, 2017, 92 (1): 115 – 136.

[161] Guenther D A, Wilson R J & Wu K S. Tax uncertainty and incremental tax avoidance [J]. The Accounting Review, 2018, 94 (2): 229 – 247.

[162] Gulen H & Ion M. Policy uncertainty and corporate investment [J]. Review of Financial Studies, 2016, 29 (3): 523 – 564.

[163] Hall R E & Jorgenson D W. Tax policy and investment behavior [J]. American Economic Review, 1967, 57 (3): 391 – 414.

[164] Hanlon M, Maydew E L & Saavedra D. The taxman cometh: Does tax uncertainty affect corporate cash holdings? [J]. Review of Accounting Studies, 2017, 22 (3): 1198 – 1228.

[165] Hartman R. The effects of price and cost uncertainty on investment [J]. Journal of Economic Theory, 1972, 5 (2): 258 – 266.

[166] Hasset K A & Metcalf G E. Investment with uncertain tax policy: Does random tax policy discourage investment? [J]. The Economic Journal, 1999, 109 (457): 372 – 393.

[167] Hassett K A & Sullivan J W. Policy uncertainty and the economy, AEI Research, 2016. Available at SSRN: https: //ssrn. com/abstract = 2818624 or http: //dx. doi. org/10. 2139/ssrn. 2818624.

[168] Hoopes J L. Financial accounting consequences of temporary tax law: Evidence from the R&D tax credit [J]. Working paper, 2012.

[169] Houlder V. US companies warn tax avoidance crackdown will hit earnings, Financial Times. 2016, Available at: https: //www. ft. com/content/b6f04 f72-f12c-11e5-aff5 – 19b4e253664a.

[170] House C L & Shapiro M D. Temporary investment tax incentives: The-

ory with evidence from bonus depreciation [J]. American Economic Review, 2008, 98 (3): 737 –768.

[171] Hutchens M & Rego S O. Does greater tax risk lead to increased firm risk? 2015, Available at SSRN: https: //ssrn. com/abstract = 2186564 or http: //dx. doi. org/10. 2139/ssrn. 2186564.

[172] IMF – OECD. Tax certainty, IMF/OECD Report for the G20 Finance Ministers March, 2017.

[173] Jacob M, Wentland K & Wentland S. Real effects of tax uncertainty: Evidence from firm capital investments. 2019, Available at SSRN: https: //ssrn. com/abstract = 2518243.

[174] Jagannathan M, Stephens C P & Weisbach M S. Financial flexibility and the choice between dividends and stock repurchases [J]. Journal of Financial Economics, 2000, 57 (3): 355 –384.

[175] Jensen M C & Meckling W H. Theory of the firm: Managerial behavior, agency costs and ownership structure [J]. Journal of Financial Economics, 1976, 3 (4): 305 –360.

[176] Jorgenson D W. Capital theory and investment [J]. American Economic Review, 1963, 53 (2): 247 –59.

[177] Judd K L. Short-run effects of uncertainty about the timing of future taxes, mimeo, 1984.

[178] Julio B & Yook Y. Political uncertainty and corporate investment cycles [J]. Journal of Finance, 2012 (67): 45 –83.

[179] Kaplan S N & Zingales L. Do investment-cash flow sensitivities provide useful measures of financing constraints? [J]. The Quarterly Journal of Economics, 1997, 112 (1): 169 –215.

[180] Keefe M O & Yaghoubi M. The influence of cash flow volatility on capital structure and the use of debt of different maturities [J]. Journal of Corporate Finance, 2016 (38): 18 –36.

[181] Kim O S. Does political uncertainty increase external financing costs? Measuring the electoral premium in syndicated lending, Working Paper, 2015.

[182] King M A. Tax reforms in the UK and US [J]. Economic Policy, 1985, 1 (1): 219 –238.

［183］ Knight F H. Risk, uncertainty, and profit. Boston: Hart, Schaffner & Marx; Houghton Mifflin Company, 1921.

［184］ Kraus A & Litzenberger R H. A state-preference model of optimal financial leverage ［J］. Journal of Finance, 1973 (28): 911 – 922.

［185］ Lamont O A, Polk C K & Saa-Requejo J. Financial constraints and stock returns ［J］. The Review of Financial Studies, 2001, 14 (2): 529 – 554.

［186］ Leary M T. Bank loan supply, lender choice, and corporate capital structure ［J］. The Journal of Finance, 2009, 64 (3): 1143 – 1185.

［187］ Lee J & Xu J. Tax uncertainty and business activity ［J］. Journal of Economic Dynamics & Control, 2019 (103): 158 – 184.

［188］ Leland H E. Corporate debt value, bond covenants, and optimal capital structure ［J］. The Journal of Finance, 1994, 49 (4): 1213 – 1252.

［189］ Lemmon M & Roberts M R. The response of corporate financing and investment to changes in the supply of credit ［J］. Journal of Financial and Quantitative Analysis, 2010, 45 (3): 555 – 587.

［190］ Lisowsky P, Robinson L & Schmidt A. Do publicly disclosed tax reserves tell us about privately disclosed tax shelter activity? ［J］. Journal of Accounting Research, 2013, 51 (3): 583 – 629.

［191］ Mackie-Mason J K. Do Taxes affect corporate financing decisions? ［J］. Journal of Finance, 1990, 45 (5): 1471 – 1493.

［192］ MaConnell J J & Muscarella C J. Corporate capital expenditure decisions and the market value of the firm ［J］. Journal of Financial Economics, 1985 (14): 399 – 422.

［193］ Marshall D. Understanding the Asian crisis: Systemic risk as coordination failure ［J］. Economic Perspectives-Federal Reserve Bank of Chicago, 1998 (22): 13 – 28.

［194］ McDonald R & Siegel D. The value of waiting to invest ［J］. The Quarterly Journal of Economics, 1986, 101 (4): 707 – 727.

［195］ McLean R D & Zhao M. The business cycle, investor sentiment, and costly external finance ［J］. The Journal of Finance, 2014, 69 (3): 1377 – 1409.

［196］ Memon Z A, Chen Y & Tauni M Z, et al. The impact of cash flow volatility on firm leverage and debt maturity structure: Evidence from China [J]. China Finance Review International, 2018, 8 (1): 69 –91.

[197] Miller M H. Debt and taxes [J]. Journal of Finance, 1977 (32): 261 –275.

[198] Mills L, Robinson L & Sansing R. FIN 48 and tax compliance [J]. The Accounting Review, 2010, 85 (5): 1721 –1742.

[199] Minton B A & Schrand C. The impact of cash flow volatility on discretionary investment and the costs of debt and equity financing [J]. Journal of Financial Economics, 1999, 54 (3): 423 –460.

[200] Mishkin F S. Global financial instability: Framework, events, issues [J]. Journal of Economic Perspectives, 1999, 13 (4): 3 –20.

[201] Modigliani F & Miller M H. Corporate income taxes and the cost of capital: A correction (in Communications) [J]. American Economic Review, 1963, 53 (3): 433 –443.

[202] Modigliani F & Miller M H. The cost of capital, corporation finance and the theory of investment [J]. American Economic Review, 1958, 48 (3): 261 –297.

[203] Morellec E, Nikolov B & Schurhoff N. Corporate governance and capital structure dynamics [J]. Journal of Finance, 2012, 67 (3): 803 –848.

[204] Musgrave R A. Tax policy and capital formation [J]. National Tax Journal, 1979, 32 (3): 351 –357.

[205] Myers S C & Majluf N S. Corporate financing and investment decisions when firms have information that investors do not have [R]. National Bureau of Economic Research, Journal of Financial Economics, 1984, 113 (2): 187 – 221.

[206] Neuman S S. Examining tax strategy choice. 2019. Available at SSRN: https://ssrn.com/abstract = 2735107.

[207] Niemann R. Tax rate uncertainty, investment decisions, and tax neutrality [J]. International Tax and Public Finance, 2004, 11 (3): 265 –281.

[208] Niemann R. The impact of tax uncertainty on irreversible investment [J]. Review of Managerial Science, 2011, 5 (1): 1 –17.

[209] Ohlson J A. Earning, book values, and dividends in equity valuation

［J］. Contemporary Accounting Research, 1995, 11 （2）: 661 – 687.

［210］ Oi W Y. The desirability of price instability under perfect competition ［J］. Econometrica, 1961 （29）: 821 – 852.

［211］ Panousi V & Papanikolaou D. Investment, idiosyncraticrisk, and ownership ［J］. Journal of Finance, 2012 （67）: 1113 – 1148.

［212］ Pástor L & Veronesi P. Political uncertainty and risk premia ［J］. Journal of Financial Economics, 2013, 110 （3）: 520 – 545.

［213］ Pindyck R S. Irreversibility, uncertainty, and investment ［J］. Journal of Economic Literature, 1991 （29）: 1110 – 1148.

［214］ Pindyck R S. Irreversible investment, capacity choice, and the value of the firm ［J］. American Economic Review, 1988, 78 （5）: 969 – 985.

［215］ Richardson S. Over-investment of free cash flow ［J］. Review of Accounting Studies, 2006, 11 （2 – 3）: 159 – 189.

［216］ Robichek A. & Myers S. Problems in the theory of optimal capital structure ［J］. Journal of Financial and Quantitative Analysis, 1966 （1）: 325 – 330.

［217］ Rountree B, Weston J P & Allayannis G. Do investors value smooth performance? ［J］. Journal of Financial Economics, 2008, 90 （3）: 237 – 251.

［218］ Sarralde S D D, Haldenwang C V & Hentze, et al. Tax certainty: Proposals for the short term and the long term. Economics Discussion Papers, 2018, 16.

［219］ Scott Jr. A Theory of optimal capital structure ［J］. The Bell Journal of Economics, 1976, 7 （1）: 33 – 54.

［220］ Sialm C. Stochastic taxation and asset pricing in dynamic general equilibrium ［J］. Journal of Economic Dynamics and Control, 2006, 30 （3）: 511 – 540.

［221］ Skinner J. The Welfare cost of uncertain tax policy ［J］. Journal of Public Economics, 1988 （37）: 129 – 145.

［222］ Smith W T. Taxes, uncertainty, and long-term growth ［J］. European Economic Review, 1996, 40 （8）: 1647 – 1664.

［223］ Stein L C D & Stone E. The effect of uncertainty on investment, hiring, and R&D: Causal evidence from equity options ［Z］. SSRN Working Paper, 2013.

［224］Stokey N L. Wait-and-see：Investment options under policy uncertainty ［J］. Review of Economic Dynamics, 2016 (21)：246 – 265.

［225］Taylor G & Richardson G. Incentives for corporate tax planning and reporting：Empirical evidence from Australia ［J］. Journal of Contemporary Accounting & Economics, 2014 (10)：1 – 15.

［226］Tobin J. A general equilibrium approach to monetary theory ［J］. Journal of Money, Credir and Banking, 1969, 1 (1)：15 – 29.

［227］Wang Y, Chen C R & Huang Y S. Economic policy uncertainty and corporate investment：Evidence from China ［J］. Pacific-Basin Finance Journal, 2014, 26 (3)：227 – 243.

［228］Weiss L. The desirability of cheating incentives and randomness in the optimal income tax ［J］. The Journal of Political Economy, 1976, 84 (6)：1343 – 1352.

［229］Whited T. External finance constraints and the intertemporal pattern of intermittent investment ［J］. Journal of Financial Economics, 2006 (81)：467 – 502.

［230］Wu L & Yue H. Corporate tax, capital structure, and the accessibility of bank loans：Evidence from China ［J］. Journal of Banking & Finance, 2009, 33 (1)：30 – 38.

［231］Yan C S & Luis F C. The impact of uncertainty shocks in emerging economies ［J］. Journal of International Economics, 2013, 90 (2)：316 – 325.

［232］Zangari E, Caiumi A & Hemmelgarn T. Tax uncertainty：Economic evidence and policy responses. European Commission's Directorate-General for Taxation and Customs Union, Working Paper, 2017, 67.

［233］Zhang L, Chen Y Y & He Z Y. The effect of investment tax incentives：Evidence from China's value-added tax reform ［J］. International Tax and Public Finance, 2013, 25 (4)：913 – 945.

［234］Zwick E & Mahon J. Tax policy and heterogeneous investment behavior ［J］. American Economic Review, 2017, 107 (1)：217 – 248.

后　记

　　该书是在本人博士论文的基础上编辑出版的。四年多的博士生学习时光转瞬即逝，四年多的感悟却思绪万千！如果套用经济术语"生命周期理论"来对这四年多的学习生活经历进行概括的话，可以大致划分为"备考准备篇—考试篇—报到入学篇—学习篇—论文写作篇—论文答辩篇—回顾总结致谢篇—毕业篇"几个阶段。当来到致谢篇时，似乎离"最后一公里"并不遥远了。这是我曾经无数次想象、期盼的时刻，我以为我一定会是激动兴奋的，可真正到了"此时此刻"，我的心里反而越发的平静。有古人云"曾经沧海难为水"，有朋友说"没读过博士不足以谈人生"，想想也是，想想也不是，这是五味杂陈、感触良多后的沉淀，剥去辛苦、煎熬、忧郁、憧憬的外壳，抽出"感谢""感恩""感动"等几个最为温暖的词汇，感谢四年多来陪我走过的您，您们，他，她们……

　　由衷地感谢我的导师甘行琼教授给予我学业上的悉心指导和生活上的无私帮助。记得第一次拜访甘老师时，她详细地询问了我的情况后便鼓励我报考她的博士，叮嘱我要处理好学习、工作和家庭的关系，为我考博树立了信心。甘老师渊博的学识和干练的气质也给我留下了深刻的印象。于我而言，甘老师既是老师又是长辈，不管是学术上的难题还是生活中的困惑，她总是能给我以启迪。刚入学时，我对如何选择博士论文的选题很是迷茫。甘老师耐心地告诉我，博士论文的选题除了要看自己的兴趣之外，还要看是不是在自己的能力范围之内，不能眼高手低。甘老师在论文的架构、文献综述的撰写，以及如何对论文展开论述等方面细致耐心的指点使我在以后的论文写作过程中获益良多。当我在科研上取得一些成绩时，甘老师也会不吝赞美，她的肯定和鼓励让我更加自信。除了学业上的指导之外，甘老师也常常教育我们要孝敬父母、尊敬师长，妥善处理好家庭关系。尤其是对于女同学，时常告诫我们一定要做坚强独立的新时代女性！师恩难忘，我将永远铭记于心！

　　感谢在我博士论文开题和预答辩环节，胡洪曙教授、侯石安教授、梅建明教授、郭月梅教授、金荣学教授、李祥云教授、孙群力教授、王银梅教授、祁毓副教授、解洪涛副教授提出的宝贵修改意见！感谢杨灿明教授、庞凤喜教授、刘京焕教授、叶青教授、许建国教授、李波教授、李景友副教授、鲁元平副教授、魏福成副教授、王宝顺副教授，各位老师渊博的学识、独到的见解、幽默而富有激情的授课风采使我折服。我将铭记各位老师的谆谆教导！同时，感谢张亚楠老师、杨柳老师和袁媛老师在学业和生活上给我提供的诸多帮助。

感谢2016级财政学博士班所有同学的一路陪伴！特别感谢畅妹、冲冲、海林的支持与帮助。同学们的真诚和热情深深地感染了我，每一次的同学聚会都是欢声笑语的海洋！同学情谊深似海！愿同学之情天长地久！感谢小伟师兄、炳蔚师姐、昶旭师弟、玉姣师妹等同门师兄妹和舍友魏坤博士的热心帮助和鼓励。

感谢中国人民大学商学院叶康涛教授、北京外国语大学国际商学院文雯博士、山东财经大学綦好东教授、安徽大学商学院周泽将教授、武汉大学经济与管理学院陈冬教授、浙江理工大学经济管理学院覃予副教授、南京审计大学会计学院王永妍博士对我论文的指点、鼓励和帮助。

感谢我的父母和婆婆。父母恩情大于天！感谢父母多年来对我无怨无悔的付出、关怀和支持！我考博时，孩子刚刚两岁。为了能让我安心准备复习功课，母亲主动承担起照看孩子的工作，只能等孩子睡了之后才能休息。可以说，没有母亲的支持就实现不了我的博士梦！父亲的爱无言而深沉，总是给我默默的支持！父母永远都是我最温暖的港湾！同时也感谢我的婆婆，在我读博的这四年当中为我分担了大部分照看孩子的重任。尤其是集中撰写论文的这段时间，孩子的学习和生活完全交给了婆婆。能够顺利地完成论文离不开婆婆的支持，我心中充满感激！此外，也感谢爱人的理解与支持，给了我坚持下去的动力！

记得我2016年9月初怀着激动兴奋的心情来到中南财经政法大学报到，碰巧的是，那一天也是我女儿上幼儿园的第一天。本来还担心因为妈妈不在身边，她会因为不适应而大哭大闹。没想到的是，她迈着坚毅的步伐走进了教室，竟然都没有回头看奶奶，此后的几天也是非常顺利地度过了适应期，使我可以安心地在千里之外的武汉学习。转眼间，她已经成为一名小学生，而我也终于完成了博士学位论文即将毕业。能够和孩子共同成长也是一种幸运，和女儿共勉！

感谢答辩现场的每一位老师和为答辩服务的助理老师。学问无止境，老师们提出的意见我会仔细思考，寻找出更好的表达和更好的解决方法。

最后，不是感谢，而是默默点一个赞，为自己点一个赞，这个我是我也非我，是我是因为我的客观存在，是人世中的本真的我、客观的我，这个我安于现状、怕辛苦劳累、意志不坚强；不是我，是因为读博的我坚强、进取、敢于改变、热爱学习。克服了摇摆，选择了坚持；摒弃了浮躁，选择了沉着；丢掉了畏惧，抓住了勇敢……忘不了自己在单位度过的每一个夜晚，也忘不了熬夜之后疲惫的面庞和浮肿的双腿。回首望去，黎明前的付出，辛苦、汗水和泪水一切都值得！因为"天亮了"！希望博士毕业之后能够学以致用，重新书写人生新的篇章，就叫作"起航篇"吧，把自己菲薄的知识奉献给祖国，为国家的财税治理、科研事业作出自己的贡献！

靳毓

2023 年 6 月